일본어 100문장 암기하고
왕초보 탈출하기

일본어 100문장 암기하고
왕초보 탈출하기

초판 1쇄 인쇄 | 2020년 1월 1일
초판 3쇄 발행 | 2024년 6월 1일

지은이 | 쟈링센세
발행인 | 김태웅
책임편집 | 안현진, 김현아
마케팅 총괄 | 김철영
제　작 | 현대순

발행처 | (주)동양북스
등　록 | 제 2014-000055호
주　소 | 서울시 마포구 동교로 22길 14 (04030)
구입 문의 | 전화 (02)337-1737　　팩스 (02)334-6624
내용 문의 | 전화 (02)337-1763　　dybooks2@gmail.com

ISBN 979-11-5768-544-8　13730

이 도서의 국립중앙도서관 출판예정도서목록(CIP)은 서지정보유통지원시스템 홈페이지(http://seoji.nl.go.kr)와
국가자료공동목록시스템(http://www.nl.go.kr/kolisnet)에서 이용하실 수 있습니다.
(CIP제어번호: CIP2019032526)

100문장만 말할 수 있게 익히면 일본어 기초회화 끝!

일본어

100문장
암기하고

왕초보

쟈링센세 지음

탈출하기

📖 동양북스

일본어, 입으로 따라만 하면 끝!

안녕하세요! 여러분의 일본어 선생님 쟈링센세입니다. 일본어는 참 쉽습니다. 우리말과 일본어는 기본적인 문장 구조가 같고, 자주 쓰이는 일상 표현도 매우 비슷합니다. 가령 '배고파', '퇴근하고 싶다', '카페라떼 주세요' 같은 표현은 진짜 입에 달고 살죠? 일본인들도 '오나까 스이따(お腹すいた)^{배고파}', '카에리타이(帰りたい)^{퇴근하고 싶다}', '카훼라테 구다사이(カフェラテ ください)^{카페라떼 주세요}'는 거의 매일 쓰는 표현이에요. 문장 구조가 같으니까 어순 고민 필요 없이 단어만 일본어로 바꿔주면 되니 정말 쉬워요. 그러니 저와 함께 일본어 공부, 시작해 봐요!

그럼 일본어 왕초보들은 어떤 표현으로 시작하면 좋을까요? 그렇죠! 아무래도 '쉽고, 짧고, 자주 쓰이는 표현'이 좋겠죠? 그래서 이 책에는 일본인들이 진짜 자주 쓰는 표현들 중 쉽지만 활용도가 높은 표현들만을 엄선하여 수록하였습니다. 한마디로 '초급이 고급이 되는 마법의 표현들'이죠. 짧은 표현들이라 몇 번 소리 내어 읽는 것만으로도 저절로 입에 붙어 편하게 사용할 수 있어요.

이 책을 공부할 때는 '펜'이 아니라 '입'으로 공부해 주세요. 제 수업 시간은 입으로 따라 하고 손으로 바디랭귀지를 표현하면서 진행됩니다. 저는 학생들에게 '연필과 노트 절대 금지!', '입과 손만 준비해 오기'를 강조해 왔습니다. 외우지 못했어도 여러 번 소리 내어 말했다면 오늘 공부는 끝이라는 말도 잊지 않았습니다.

외우는 게 나쁘냐고요? 물론 표현을 외웠다가 기억해서 써먹으면 정말 좋죠. 하지만 학습의 포커스가 암기에 맞춰지면 어느새 부담이 되어 자꾸 미루게 돼요. 반면 '몇 번 소리 내서 읽으면 공부 끝!'이라면 누구나 부담 없이 계속 할 수 있죠.

일본어를 처음부터 너무 완벽하게 하려고 하지 마세요. 우리는 외국인이기 때문에 일본어를 원어민처럼 말할 수도 없고, 또 그럴 필요도 없습니다. 문법을 틀려도 괜찮아요. 내가 전달하고 싶은 상황과 감정을 상대방이 알아듣기만 하면 그걸로 괜찮아요.

제게는 한국어를 유쾌하게 공부하는 일본인 친구가 한 명 있는데, 그 친구는 저에게 단 한 번도 한국어 문법을 물어본 적이 없어요. 단지 제가 하는 말의 소리를 듣고 따라 하고 문장을 통째로 기억해서 사용합니다. 까먹어도 크게 신경 쓰지도 않아요. 그런데 그 친구가 절실하게 까먹지 않으려고 기를 쓰는 표현이 하나 있었는데요. 바로~!

"방금 튀긴 거 주세요!"

튀김 러버의 생존 한국어랄까요? 여러분은 어떤 말을 일본어로 하고 싶으신가요? 외국어는 본인이 하고 싶은 말이 있으면 빨리 늘어요. 이 책을 앞에서부터 공부해도 좋지만, 여러분이 가장 쓰고 싶은 표현들부터 보물찾기하듯 찾아서 익히는 것도 효과적입니다. 찾은 보물 표현들은 꼭 여러 번 소리 내어 읽으면서요. 여러분의 일본어 왕초보 탈출을 응원합니다. 이 책의 마지막까지 저는 여러분과 함께하겠습니다.

쟈링센세

Willy Kim
일본인 동료들이 갑자기 일본어가 늘었다고 칭찬하네요. 선생님 덕분입니다.

SUJUNG CHO
일본어 왕왕초보에 건망증 심한 주부인 저도 수업 내용을 적지 말고 계속 반복해서 말하라고
해 주셔서 문장이 잘 외워지더라고요.

김개똥   쟈링센세 영상 하나면 일본어 초급부터 고급까지 문제 없음!

까묵   놀면서 공부하는 일본어! 쌤은 항상 열심히 놀아줘서 좋아요!

Wootty 7   쟈링쌤 덕분에 일본어 발음이 엄청나게 많이 늘었어요!

레나살이
쟈링센세가 콕콕 짚어준 표현들이 일상생활에서 일본어를 아주 자연스럽게 말할 수 있게
도와주어 일본어회화가 재미있어졌어요.

満月만게츠   표현 하나를 알려주더라도 항상 재미있게 알려 주시는 쟈링센세!

Gucci Gang
센세는 참된 스승이세요. 쉽고 재미있게 잘 가르쳐 주시는 쟈링센세 다이스키!

보고있냐 Ex야
선생님 덕분에 일본어가 정말 많이 늘었어요! 일본인 남자친구와 헤어지고 복수심(?)에 일본어
를 배우게 됐는데 전 남친은 저의 이런 향상된 일본어 실력을 모르네요.ㅋㅋ

충이   공부한다는 느낌보다 재미있게 논다는 느낌으로 배울 수 있어서 좋았습니다.

비야루   10만 유튜버로 가즈앗! 꽃길만 걸으세요!

뉴베리   어학 채널의 한계를 뛰어넘고 쟈링센세의 일본어 수업은 계속 진화 중!

치킨은후라이드   오이! 오이! 책 기다리고 있었어요!

미실리우스 　일본어, 고민하지 말고 쟈링센세와 함께 시작하세요!

푸푸
너무 재미있게 가르쳐 주시고 다 기억하지 않아도 된다고 말씀해 주시는 게 너무 감사했어요.

나여TL 　일본에서 생활할 때 많은 도움이 되었어요!

ヒロクンアンニョン
韓国語を学ぶ日本人にとっても有意義なサイトだと思っています。
(한국어를 공부하는 일본인한테도 의미 있는 사이트라고 생각합니다)

네코
일본어 공부에 슬럼프 오고 지칠 때마다 센세 덕분에 이겨내고 있어요. 야옹~

간장계란밥기능사 　배그 스트리머인 줄 알았는데 해커스 일본어 선생님이실 줄이야!

전광판Ver1.00 　일본어 선생님에서, 배그 선생님에서, 이제 작가 선생님이네요!

matin 　센세 덕분에 중학생 때 배운 일본어를 떠올리게 됐어요!

서카츠 　싸랑해요 쟈링TV~!

진콩이
일본어를 배우고 싶은 거면 꼭 책과 영상만 보세요! 실시간 방송을 접하면 공부는 책임
못 져요!(시청자들의 드립 난무 유쾌한 생방!)

즉히 　책 대박 나세요.

김민성
선생님 수업은 일본어가 놀이처럼 느껴져서 강의를 듣고 나면 항상 기분이 좋아져요.

정신이 　일본어는 우리 쟈링센세죠~. 센세, 항상 응원해요!

이천원 　쟈링센세는 진짜 재미있는 사람이에요. 그 재미가 이 책에도 녹아 있을 거예요.

우수맘짱
기초 일본어회화 열심히 공부하고 가족들과 일본 여행 갔는데, 짧게나마 일본어로 대화할 수 있어 뿌듯했어요.

샤샤
쟈링센세의 영상 덕분에 출퇴근길 지하철에서 즐겁게 일본어를 공부할 수 있었는데 책으로 나온다니 너무 좋네요!

처나　한글은 세종대왕님! 일본어는 쟈링센세!

치우　어느새 일본어가 잘 들리는 저를 발견했어요! 이게 다 쟈링센세 덕분입니다!

크레용손짱　책을 산 여러분, 최고의 선택을 하신 겁니다. 일본어 공부 파이팅!

미미youtube
제게 맞는 센세를 찾아 헤매다 쟈링센세를 만났어요. 귀엽고 개구쟁이 같은 쟈링센세! 사랑합니다♥

히바리　무조건 삽니다! 교재 빼고 제가 처음으로 사는 일본어 책일 듯요!

라잉지방이　일본 여행 전 필독서! 8만 구독자와 함께해요!

미실리우스　생존 일본에! 고민하지 말고 쟈링센세와 함께 시작하세요!

일본인이 정말 자주 쓰는 100문장만 진짜 말할 수 있게 익히면 일본어 왕초보 끝!

✿ 일본어, 딱 100문장만 진짜 말할 수 있게 익혀 보세요!

왕초보인데 일본어를 잘하고 싶으시다고요? 그럼 딱 100문장만 진짜 말할 수 있게 익혀 보세요. 보면 이해되는 거, 들으면 아는 거, 더듬더듬 말할 수 있는 거 말고, 진짜 자연스럽게 내뱉을 수 있는 일본어를 100문장만 익히면 여러분도 일본어로 말할 수 있게 됩니다! 언제, 어디서든 바로바로 꺼내 쓸 수 있는 밑천 표현을 준비하세요!

✿ 누적 조회수 550만의 최강 일본어 유튜브 '쟈링센세 일본어'

유튜브 구독자 8만 명, 누적 조회수 550만 뷰에 달하는 인기 일본어 유튜버 '쟈링센세'가 여러분의 일본어 독학을 책임집니다. '쟈링센세 일본어'는 초급자들이 일본어 회화를 공부하기에 가장 좋은 유튜브 채널로 손꼽히고 있습니다. 쟈링센세와 함께 일본어 100문장 암기하고 왕초보 탈출에 성공하세요!

✿ 쉽고, 짧고, 자주 쓰이는 활용 만점 일본어 표현

왕초보 학습자들을 위해 '일본인들이 실생활에서 가장 많이 쓰는 쉽고 간단한 일본어'만을 모았습니다. '쉬운 단어로 된 짧은 표현'이라 따라 하기 쉽고, '일본인들이 진짜 자주 쓰는 표현'이라 일본 드라마, 애니메이션, 영화에서 정말 많이 접할 수 있습니다. '초급이 고급이 되는 마법의 표현들'을 책을 통해 만나 보세요.

✿ 입으로 따라만 하면 끝! 외우지 않아도 저절로 외워져요!

이 책은 외우려 하지 말고, '입'으로 훈련해 주세요. mp3를 통해 문장을 잘 듣고 소리 내어 따라 읽으면 끝. 이 책의 표현들은 짧은 표현들로 이루어져 있어, 몇 번 소리 내어 읽는 것만으로도 저절로 입에 붙어 우리말처럼 편하게 사용할 수 있어요.

일본인이 가장 많이 쓰는 **일상생활 표현 100문장**

인사, 입버릇, 식사, 쇼핑, 연애, 여행, SNS 등 다양한 상황별로 가장 많이 쓰는 일상생활 일본어 표현 100문장을 소개합니다. 모든 표현은 왕초보 눈높이에서 친절하게 설명되어 있어 기초가 약한 학습자도 쉽게 이해할 수 있습니다.

*해당 표현이 사용되는 대화문을 함께 제시하여 누구나 배운 표현을 실제 회화에서 쉽게 활용할 수 있습니다.

확장표현 학습을 위한 **왕초보 입훈련 트레이닝**

핵심표현과 더불어 각 표현별로 5개의 확장표현을 함께 제시해 다양한 표현학습을 할 수 있도록 했습니다. '100개 핵심표현+500개 확장표현' 총 600개의 표현을 익힐 수 있습니다. 비슷한 표현들 간의 뉘앙스 차이는 말풍선을 통해 상세히 설명하고 있습니다.

*이 표현들도 마찬가지로 '입'으로 소리 내어 읽으며 익히는 것이 중요합니다.

✭ 무료학습자료 - mp3 파일 제공

일본인 전문 성우들이 녹음한 mp3 파일을 제공합니다. mp3를 통해 정확한 일본어 발음을 익힌 후, 큰 소리로 따라 하면서 회화 연습을 해 주세요.

다운로드 | www.dongyangbooks.com

✱ 오십음도

다섯 글자씩 10행으로 배열한 일본어 문자표를 '오십음도'라고 합니다.

○ 히라가나 오십음도

	あ행	か행	さ행	た행	な행	は행	ま행	や행	ら행	わ행
あ단	あ [a 아]	か [ka 카]	さ [sa 사]	た [ta 타]	な [na 나]	は [ha 하]	ま [ma 마]	や [ya 야]	ら [ra 라]	わ [wa 와] ん [N 응]
い단	い [i 이]	き [ki 키]	し [shi 시]	ち [chi 치]	に [ni 니]	ひ [hi 히]	み [mi 미]		り [ri 리]	
う단	う [u 우]	く [ku 쿠]	す [su 스]	つ [tsu 츠]	ぬ [nu 누]	ふ [hu 후]	む [mu 무]	ゆ [yu 유]	る [ru 루]	
え단	え [e 에]	け [ke 케]	せ [se 세]	て [te 테]	ね [ne 네]	へ [he 헤]	め [me 메]		れ [re 레]	
お단	お [o 오]	こ [ko 코]	そ [so 소]	と [to 토]	の [no 노]	ほ [ho 호]	も [mo 모]	よ [yo 요]	ろ [ro 로]	を [o 오]

○ 가타카나 오십음도

	ア행	カ행	サ행	タ행	ナ행	ハ행	マ행	ヤ행	ラ행	ワ행
ア단	ア [a 아]	カ [ka 카]	サ [sa 사]	タ [ta 타]	ナ [na 나]	ハ [ha 하]	マ [ma 마]	ヤ [ya 야]	ラ [ra 라]	ワ [wa 와] ン [N 응]
イ단	イ [i 이]	キ [ki 키]	シ [shi 시]	チ [chi 치]	ニ [ni 니]	ヒ [hi 히]	ミ [mi 미]		リ [ri 리]	
ウ단	ウ [u 우]	ク [ku 쿠]	ス [su 스]	ツ [tsu 츠]	ヌ [nu 누]	フ [hu 후]	ム [mu 무]	ユ [yu 유]	ル [ru 루]	
エ단	エ [e 에]	ケ [ke 케]	セ [se 세]	テ [te 테]	ネ [ne 네]	ヘ [he 헤]	メ [me 메]		レ [re 레]	
オ단	オ [o 오]	コ [ko 코]	ソ [so 소]	ト [to 토]	ノ [no 노]	ホ [ho 호]	モ [mo 모]	ヨ [yo 요]	ロ [ro 로]	ヲ [o 오]

행 위 오십음도의 가로줄을 '행(行)'이라고 부르며, 각 행의 첫 글자를 따서 '○행'이라 칭합니다. 이를테면, 'か행'은 「か·き·く·け·こ」를 가리키며 첫 글자를 따서 'か행'이라고 합니다.

단 위 오십음도의 세로줄을 '단(段)'이라고 부릅니다. 이것 역시 그 줄의 첫 글자를 따서 '○단'이라 칭합니다. 단에는 '아단, 이단, 우단, 에단, 오단'의 다섯 가지가 있는데, '아단'이라고 하면 그 단에 속해 있는 글자가 '아' 모음으로 끝나는 것을 말합니다.

○ 탁음

	が행	ざ행	だ행	ば행
あ단	が [ga 가]	ざ [za 자]	だ [da 다]	ば [ba 바]
い단	ぎ [gi 기]	じ [ji 지]	ぢ [ji 지]	び [bi 비]
う단	ぐ [gu 구]	ず [zu 즈]	づ [zu 즈]	ぶ [bu 부]
え단	げ [ge 게]	ぜ [ze 제]	で [de 데]	べ [be 베]
お단	ご [go 고]	ぞ [zo 조]	ど [do 도]	ぼ [bo 보]

	ガ행	ザ행	ダ행	バ행
ア단	ガ [ga 가]	ザ [za 자]	ダ [da 다]	バ [ba 바]
イ단	ギ [gi 기]	ジ [ji 지]	ヂ [ji 지]	ビ [bi 비]
ウ단	グ [gu 구]	ズ [zu 즈]	ヅ [zu 즈]	ブ [bu 부]
エ단	ゲ [ge 게]	ゼ [ze 제]	デ [de 데]	ベ [be 베]
オ단	ゴ [go 고]	ゾ [zo 조]	ド [do 도]	ボ [bo 보]

○ 반탁음

	ぱ행
あ단	ぱ [pa 파]
い단	ぴ [pi 피]
う단	ぷ [pu 푸]
え단	ぺ [pe 페]
お단	ぽ [po 포]

	パ행
ア단	パ [pa 파]
イ단	ピ [pi 피]
ウ단	プ [pu 푸]
エ단	ペ [pe 페]
オ단	ポ [po 포]

반탁음은
ぱ행
하나뿐이에요.

✦ 일본어 동사의 종류 및 활용

◉ 일본어 동사의 분류

1그룹 동사	2그룹 동사와 3그룹 동사를 제외한 모든 동사 예 行く 가다　かかる 걸다　飲む 마시다 ＊帰る 돌아가다 〈예외적 1그룹 동사〉
2그룹 동사	어미가 る이고 어간의 마지막 글자가 い단, え단인 동사 예 起きる 일어나다　見る 보다 　　食べる 먹다　出る 나가다, 나오다
3그룹 동사	する, 来る 단 두 개 예 する 하다　来る 오다

◉ 동사의 ます형 만들기

1그룹 동사	어미의 う단을 い단으로 바꾸고 ます 붙이기 예 行く → 行きます 갑니다 　　かかる → かかります 걸립니다 　　飲む → 飲みます 마십니다 ＊帰る → 帰ります 돌아갑니다
2그룹 동사	어미 る를 떼고 ます 붙이기 예 起きる → 起きます 일어납니다 　　見る → 見ます 봅니다 　　食べる → 食べます 먹습니다 　　出る → 出ます 나갑니다, 나옵니다
3그룹 동사	불규칙적 예 する → します 합니다 　　来る → 来ます 옵니다

동사의 て형 만들기

1그룹 동사	어미가 く	く 떼고 いて 붙이기	書く → 書いて 쓰고, 써서 ＊예외) 行く → 行って 가고, 가서
	어미가 ぐ	ぐ 떼고 いで 붙이기	泳ぐ → 泳いで 헤엄치고, 헤엄쳐서
	어미가 う, つ, る	う, つ, る 떼고 って 붙이기	買う → 買って 사고, 사서 待つ → 待って 기다리고, 기다려서 かかる → かかって 걸리고, 걸려서
	어미가 ぬ, ぶ, む	ぬ, ぶ, む 떼고 んで 붙이기	死ぬ → 死んで 죽고, 죽어서 遊ぶ → 遊んで 놀고, 놀아서 飲む → 飲んで 마시고, 마셔서
	어미가 す	す 떼고 して 붙이기	話す → 話して 이야기하고, 이야기해서
2그룹 동사	어미 る를 떼고 て 붙이기		見る → 見て 보고, 봐서 食べる → 食べて 먹고, 먹어서
3그룹 동사	불규칙적		する → して 하고, 해서 来る → 来て 오고, 와서

✦ 목차

● Chapter 01. | 일본인이 툭하면 쓰는 입버릇 표현

● Chapter 02. | 인사 및 자기소개

● Chapter 03. | 감정 · 성격 · 외모

Chapter 04. | 일상생활 일본어 표현

Chapter 05. | 두근두근 해외여행

Chapter 09. | 학교 및 회사

Chapter 10. | 인터넷 · 스마트폰 · 유행어

かわいい

역시!
귀여워!
깜짝이야!
앗싸!
저…
그러네요.
당신을 좋아해요.
뭐?!
큰일 났다!
딱히.

일본인이
툭하면 쓰는
입버릇 표현

きれい

폭풍 칭찬할 때

さすが!

역시!

さすが는 '역시'란 뜻으로, '역시 넌 대단해!', '역시 프로는 달라!'처럼
기대하고 생각했던 대로 대단하다는 뉘앙스입니다. 칭찬과 감탄의 표
현이므로 누군가를 폭풍 칭찬하고 싶다면 이 표현을 써 보세요.

A あ〜、終わった!

아〜, 끝났다!

B もう 終わったの？ さすが 東大!

벌써 끝났어? 역시 도쿄대!

🔖단어 終(お)わる 끝나다 もう 벌써, 이미 さすが 역시 東大(とうだい) 도쿄대

대단해!

えらい！

▶ えらい 훌륭하다, 대단하다

훌륭해!

すばらしい！

천재야!

天才<ruby>てんさい</ruby>だよ！

엄청 잘하네!

とても 上手<ruby>じょうず</ruby>！

▶ 上手(じょうず)だ 하는 일에 능숙하다, 솜씨가 좋다

역시!

やっぱり！

さすが가 기대와 감탄의 '역시'라면,
やっぱり는 예상대로의 '역시'입니다.

예쁜 것을 보면 자동 발사

かわいい!

귀여워!

かわいい는 '귀엽다'란 뜻의 い형용사로, 귀엽고 예쁜 물건이나 사람 등을 봤을 때 감탄사처럼 자동으로 튀어나오는 말입니다. 한국어에서는 '귀엽다'와 '예쁘다'를 구분해서 쓰지만, 일본어에서는 かわいい라고 하면 '귀엽고 예쁘다'는 의미가 돼요.

A この スタンプ すごく かわいいね!
이 이모티콘 엄청 귀엽네!

B でしょう～?
그렇지?

🗣️**단어** スタンプ 스탬프, 이모티콘 すごく 굉장히, 몹시 かわいい 귀엽다

예뻐!

きれい！

> きれいだ라는 な형용사입니다. 감탄으로 쓸 때는
> だ가 없이 쓰여 い형용사로 착각하기 쉬워요.

멋있어!

格好_{かっこう}いい！

格好いい！

> かっこういい에서 う발음을 생략하고
> かっこいい라고도 해요.

멋져!

素敵_{すてき}！

▶ 素敵(すてき)だ 멋지다

잘생기셨네요.

イケメンですね。

▶ イケメン 미남 [いけてる(잘 나가다, 멋지다) + メン(man)의 합성어]

엄청난 미인입니다.

すごい 美人_{びじん}です。

어머나! 간 떨어지는 줄!

びっくりした!

깜짝이야!

예상치 못한 곳에서 갑자기 사람이 나타나면 깜짝 놀라죠? 그럴 때 우리는 '깜짝이야!'라고 소리치는데 일본 사람들은 びっくりした!라고 해요. '깜짝 놀라다'란 뜻의 동사 びっくりする의 과거형인데, 이미 놀란 것이니 과거형으로 써야겠죠?

A わっ!

와!

B あ、びっくりした! 何だよ〜 もう!

아, 깜짝이야! 뭐야〜 대체!

🗨️**단어** わっ 와, 앗, 으악[기쁘거나 놀랐을 때 또는 남을 놀랠 때 내는 소리]

| 놀랐잖아! | おどろ
驚いたよ！ |

▶ 驚(おどろ)く 놀라다, 경악하다

| 진짜? | マジで？ |

で를 빼고 マジ?라고 해도 돼요.

| 정말? | ほんとう
本当？ |

本当(ほんとう)に？도 마찬가지 표현입니다.

| 거짓말!(말도 안 돼!) | うそ！ |

▶ 거짓말처럼 믿기 어렵다는 뜻

| 믿을 수 없어! | しん
信じられない！ |

▶ 信(しん)じる 믿다

신나서 감탄할 때

やった!

앗싸!

꺄아

얼마 전에 드디어 목표했던 다이어트에 성공했답니다. 체중계 눈금을 확인했을 때 제가 외친 말은 바로 やった! 인데요, 이 말은 우리말의 '오예!', '앗싸!', '야호!'와 같은 말이에요. 주로 좋은 일이 생겼을 때나 횡재했을 때 쓰는 감탄사입니다.

A 僕と 付き合って くれない? 나랑 사귀지 않을래?

B まぁ～、いいよ。 뭐~, 좋아.

A やった! うれしい! 앗싸! 기뻐!

🐱단어 付(つ)き合(あ)う 사귀다, 교제하다 うれしい 기쁘다, 즐겁다

028

오케이!　　　　　　**よっしゃ！**

オッケー(OK)와 같은 의미의 말이에요.

대박!　　　　　　**すげー！**

젊은이들 사이에서는 **すごい**(대단하다)를 **すげー**라고 해요.

좋잖아!　　　　　**いいじゃん！**

▶ ～じゃん ～잖아[자신의 의견을 강조하거나 힘주어 말할 때 쓰는 종조사]

완성!　　　　　　<ruby>完成<rt>かんせい</rt></ruby>！

다 먹었다!　　　　<ruby>完食<rt>かんしょく</rt></ruby>！

▶ **完食**(かんしょく) 나온 음식을 남기지 않고 모두 먹음

말을 걸 때

あの

저…

あの는 '저…' 하며 말을 머뭇거리는 표현으로, 말을 걸거나 어떤 말을 꺼내려고 할 때 씁니다. 일본 드라마나 영화를 보다 보면 정말 자주 들리는 표현이에요. 가령 식당에서 주문할 때는 「あの、すみません。」 (저, 여기요.) 하고 직원을 부르면 됩니다.

A あの、すみません！ビール 一つ ください。
저, 여기요! 맥주 한 잔 주세요.

B はい、かしこまりました。
네, 알겠습니다.

🗣단어 ビール 맥주　一(ひと)つ 하나, 한 개　かしこまる 삼가 명령을 받들다

있잖아!

ね!

▶ 말을 걸거나 부를 때

거 봐!

ほら!

▶ 급히 주의를 환기시킬 때 쓰는 '자', '거 봐' 등의 의미

봐 봐!

見て!

여기요!

すみません!

すみません은 '미안합니다' 외에도 이처럼
음식점 등에서 직원을 부를 때도 사용합니다.

잠깐 괜찮아?

ちょっと いい?

いい는 '좋다'라는 뜻이지만 '괜찮다'라는
허락의 의미로도 쓰여요.

006

동의할 때

そうですね。

그러네요.

そうですね는 상대방의 말에 공감하거나 동의할 때 '그렇군요, 그러네요'란 뜻으로 쓰는 맞장구 표현입니다. 혹은 상대방 질문에 대답이 떠오르지 않거나 생각할 시간을 벌 때 '글쎄요'란 뜻으로도 씁니다.

A 今日は 天気が いいですね。

오늘은 날씨가 좋네요.

B そうですね。

그러네요.

🗣️**단어** 今日(きょう) 오늘 天気(てんき) 날씨 いい 좋다

과연.

なるほど。

▶ '정말', '과연'이란 뜻으로 남의 주장을 긍정하거나 맞장구칠 때

맞아 맞아!

そうそう！

그거 알아!

それ、分^わかる！

아, 나도!

あ、私^{わたし}も！

▶ 동의 · 동감할 때

내 말이 그 말이야.

まったく その通^{どお}り。

상대방의 말에 전적으로 동의할 때 씁니다. まったく는 '완전히, 전적으로, 정말로', その通(どお)り는 '그대로'란 뜻이에요.

좋아하는 것 표현하기

あなたのことが 好^すきです。

당신을 좋아해요.

좋아하는 사람에게 고백할 때 쓰는 말이에요. 「～が 好(す)きです」라고 조사 가를 써야 하는데, 한국어에서는 '～을 좋아한다'고 말하기 때문에 흔히 조사 를를 쓰는 실수를 합니다. 또 「あなたが 好(す)きです。」라고 해도 되지만, 「あなたのことが 好(す)きです。」라고 하는 것이 정확한 표현이라는 것도 기억해 두세요.

A あなたのことが 好^すきです! 付^つき合^あって ください。

당신을 좋아해요! 사귀어 주세요.

B ごめんなさい。

미안해요.

🔊**단어** 付(つ)き合(あ)う 사귀다, 교제하다　ごめんなさい 미안해요

아주 좋아해요.

だい　す
大好きです。

好(す)き 앞에 大(だい)를 붙이면 '아주 좋아하다'란 뜻이 돼요.

제일 좋아하는 음식이에요.

だい こう ぶつ
大好物です。

▶ 大好物(だいこうぶつ) 매우 좋아하는 음식

별로 좋아하지 않아.

す
あまり 好きじゃない。

당근은 잘 못 먹어요.

にん じん　　　　にが て
人参は 苦手です。

▶ 苦手(にがて)だ 잘하지 못하다, 서투르다[꺼려서 못하는 느낌]

당신이 싫어요.

きら
あなたが 嫌いです。

▶ 嫌(きら)いだ 싫어하다

왕초보 탈출

008

순간 깜짝 놀랐을 때

え?!

뭐?!

놀라운 소식을 들었을 때 순간적으로 '뭐?!'라고 말할 때가 있죠? 그럴 때 일본어로는 え?!라고 표현해요. 예를 들어 과제 마감이 내일인 줄 알았는데 알고 보니 오늘이었다면? 「え?! マジで？」(뭐?! 진짜?)라 는 말이 절로 튀어나올 거예요.

A 聞_きいた？ 田中君_{た なかくん} 来月_{らいげつ} 結婚_{けっこん}するんだって。

들었어? 다나카, 다음 달에 결혼한대.

B え?! マジで？

뭐?! 진짜?

🐶단어 聞(き)く 듣다 来月(らいげつ) 다음 달 結婚(けっこん) 결혼 マジで 진짜로, 정말로

036

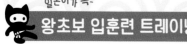
어째서?

なんで？

'왜', '어째서'란 뜻으로, なぜ, どうして와 마찬가지로 이유나 원인을 물을 때 써요.

무슨 뜻이야?

どういう 意味？

한국에서는 '무슨 뜻이야?'라고 묻는데 일본에서는 '어떤 의미야?'라고 물어봅니다.

분명 이상해!

絶対 おかしいよ！

▶ おかしい 이상하다, 수상하다

뭔가 이상해!

なんか 変！

▶ 変(へん)だ 이상하다

말도 안 돼!

ありえない！

▶ ありえない 있을 수 없다

009

밤새 게임하다 늦잠 잤다면?

やばい！

큰일 났다!

やばい는 '위태롭다, 위험하다'란 뜻의 い형용사인데, 곤란하고 난처할 때 나도 모르게 저절로 튀어나오는 말이에요. 가령 여유롭게 아침밥을 먹다 시계를 봤는데 나가야 할 시간이 훨씬 지났다면 やばい！(큰일 났다!)라는 말이 절로 나오죠. やばい는 줄여서 やべぇ라고도 해요.

A やばい！遅刻する！

큰일 났다! 지각하겠어!

B しっかりしてよ！

정신 좀 차례!

🗣️**단어** 遅刻(ちこく)する 지각하다 しっかりする 제대로 하다

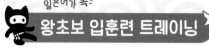
| 이거 대박! | これ、やばい！ |

やばい는 '대단하다', '잘생겼다', '맛있다' 등을 강조하여 말하고 싶을 때도 써요.

| 망했다! | しまった！ |

| 어떡하지? | どうしよう。 |

| 이제 끝이야! | もう ダメだ！ |

ダメ는 '소용없음'을 의미하며, '안 돼'라는 강한 금지 표현으로도 써요.

| 혼날 거야! | 怒(おこ)られる！ |

▶ 怒(おこ)る(화내다)의 수동형

별일 아닐 때

別に。
<べつ>

딱히.

別(べつ)에는 '별로, 특별히, 딱히'라는 의미의 부사로, 뒤에는 부정문
이 옵니다. 엄청 중요한 것도 아니고, 특별한 것도 아니라는 뉘앙스를
가진 말이에요. 일본 사람 중에는 정확하게 자기 생각은 밝히지 않고
「いや、別(べつ)に。」(아니, 뭐 딱히.)를 말버릇(口癖 くちぐせ)으로
가진 사람도 많아요.

A もしかして 怒ってる?
<おこ>

혹시 화났어?

B いや、別に 怒ってないよ。
<べつ> <おこ>

아니, 딱히 화 안 났거든.

단어 もしかして 혹시, 어쩌면 怒(おこ)る 화내다 いや 아니 別(べつ)に 별로, 딱히

왕초보 입훈련 트레이닝

🎧 MP3를 듣고 따라 해 보세요!

괜찮아요.

結構<ruby>けっこう</ruby>です。

▶ 공손하게 사양할 때

아무것도 아니야.

何<ruby>なん</ruby>でも ない。

관심 없어.

興味<ruby>きょう み</ruby>ない。

우리말의 '관심'을 일본어에서는
'興味(きょうみ 흥미)'로 표현합니다.

난 됐어.

私<ruby>わたし</ruby>は いいよ。

いいは '좋다, 괜찮다'는 뜻인데 문맥에 따라서
찬성의 의미도, 거절의 의미도 돼요.

그건 좀….

それは ちょっと……。

▶ 완곡하게 거절할 때

こんにちは

안녕하세요.
오랜만이야.
또 보자!
처음 뵙겠습니다.
미나라고 합니다.
회사원이에요.
취미는 뭐예요?
고마워.
축하해!
네 탓이 아니야.

Chapter 02

인사 및
자기소개

기본적인 인사표현

こんにちは。

안녕하세요.

인사를 잘하는 사람은 누구에게나 호감이에요. 일본어에는 아침, 점심, 저녁 인사가 따로 있는데 아침에는 「おはよう(ございます)」, 낮 동안은 「こんにちは」, 밤에는 「こんばんは」라고 인사해요. 「こんにちは」와 「こんばんは」의 は는 조사(은/는)로 쓰였기 때문에 [ha]가 아니라 [wa]라고 읽어요.

A こんにちは！

안녕하세요!

B もう 夜^{よる}だから「こんばんは」だよ！

이제 저녁이니까 '콤방와'지!

단어 もう 벌써, 이미 夜(よる) 밤 こんばんは 안녕(하세요)[저녁 인사]

다녀오겠습니다!
[외출 인사]

いって きます！

'다녀오세요!'는 いってらっしゃい！
라고 합니다.

다녀왔습니다!
[귀가 인사]

ただいま！

'어서 와(오세요)!'는 おかえり(なさい)！
라고 해요.

안녕히 주무세요!
[취침 인사]

おやすみなさい！

'잘 자!'는 おやすみ！라고 해요.

실례합니다.
[방문 인사]

おじゃまします。

손님에게 들어오라고 할 때는 どうぞ라고
하면 돼요.

잘 먹겠습니다.
[밥 먹기 전에]

いただきます。

다 먹고 나서는 ごちそうさまでした라고
인사합니다.

반갑다 친구야!

<ruby>久<rt>ひさ</rt></ruby>しぶり。

오랜만이야.

친구를 오랜만에 만났을 때는 「久(ひさ)しぶり。」(오랜만이야)라고 인
사합시다. 친구가 아니라면 좀 더 정중한 표현인 「お久(ひさ)しぶり
です。」(오랜만이에요)라고 하면 됩니다.

A 久しぶり！何年ぶりだろう。

오랜만이야! 몇 년 만이지?

B そうね。二年ぶりかな。

글쎄. 2년 만인가?

🔊단어 何年(なんねん) 몇 년 ～ぶり ～만

잘 지냈어?

元気だった？
げん き

▶ 안부를 물을 때

멋있어졌네.

カッコよく なったね。

> '예뻐졌네'는 「きれいに なったね」라고
> 합니다.

요즘 어때?

最近、どう？
さいきん

▶ 요즘 근황을 물을 때

전화번호 알려 줘.

電話番号 教えてよ。
でん わ ばん ごう   おし

그동안 격조했습니다.

ご無沙汰して おります。
ぶ さ た

> 윗사람이나 비즈니스 상대에게 '오랫동안 연락하
> 지 못해서 죄송하다'는 의미로 쓰는 말이에요.

013

헤어질 때

またね!

또 보자!

またね!는 헤어질 때의 인사말로, 가볍게 '또 보자, 안녕!' 하는 뉘앙스입니다. じゃあね!도 '또 봐!'라는 인사 표현으로, またね!와 じゃあね!는 친밀한 느낌의 인사예요. 「では、また!」도 비슷한 표현이지만 '그럼 또 봐요!' 정도의 느낌으로 쓰는 인사말입니다.

A もう 行くの？

벌써 가려고?

B うん、ごめん。またね！

응, 미안해. 또 보자!

단어 もう 벌써　行(い)く 가다　ごめん 미안해　また 또, 다시

또 봐!

じゃね！

> じゃね!와 じゃあね! 모두 헤어질 때 쓰는 인사말입니다.

이제 가야 해.

もう 行かなくちゃ。
　　　　い

▶ ～なくちゃ ～하지 않으면 안 된다, ～해야 한다

나중에 연락할게.

後で 連絡するよ。
あと　れんらく

먼저 실례하겠습니다.

お先に 失礼します。
　さき　しつれい

> 회사에서 퇴근할 때 인사로도 써요.

또 만나요.

また 会いましょう。
　　あ

왕초보 탈출

014

누군가를 처음 만났을 때

はじめまして。

처음 뵙겠습니다.

「はじめまして。」는 '처음 뵙겠습니다'란 뜻으로, 누군가를 처음 만났을 때 하는 인사말이에요. 그 다음엔 보통 이름을 말하는데, 대답할 때도 「はじめまして。」라고 인사하고 이름을 말하면 돼요.

A はじめまして。中村<ruby>中村<rt>なかむら</rt></ruby>と <ruby>申<rt>もう</rt></ruby>します。
처음 뵙겠습니다. 나카무라라고 합니다.

B はじめまして。<ruby>安<rt>アン</rt></ruby>です。
처음 뵙겠습니다. 안우석입니다.

🐱 **단어** 〜と <ruby>申<rt>もう</rt></ruby>す 〜라고 말하다

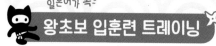
만나서 반갑습니다.

お会いできて うれしいです。

▶ 会(あ)う 만나다 うれしい 기쁘다

잘 부탁드립니다.

よろしく お願いします。

> 앞에 '아무쪼록'이란 뜻의 どうぞ를 붙이면 더욱 공손한 표현이 됩니다.

저야말로 잘 부탁드립니다.

こちらこそ よろしく お願いします。

이게 제 명함이에요.

これが 私の 名刺です。

▶ 名刺(めいし) 명함

날씨가 좋네요.

いい天気ですね。

자기 이름을 말할 때

ミナと 申^{もう}します。

미나라고 합니다.

자기 이름을 말할 때는 「私(わたし)は ～です」(저는 ～입니다)라고 말
해도 되지만, 「～と 申(もう)します」(~라고 합니다)라는 표현을 쓰면
더욱 공손한 느낌을 줍니다. 申(もう)す는 '말하다'란 뜻의 공손한 표
현이에요.

A ミナと 申^{もう}します。

미나라고 합니다.

B あ、かわいい お名前^{な まえ}ですね。

아, 귀여운 이름이네요.

단어 かわいい 귀엽다 名前(なまえ) 이름

유나라고 불러 주세요.

ユナと 呼^よんで ください。

▶ 呼(よ)ぶ 부르다

저는 한국인입니다.

私^{わたし}は 韓国人^{かんこくじん}です。

한국에서 왔습니다.

韓国^{かんこく}から 来^きました。

서울 태생입니다.

ソウル生^うまれです。

▶ ~生(う)まれ ~생

부산 출신이에요.

プサン出身^{しゅっしん}です。

▶ 국적이나 출신 지역을 말할 때

직업 및 나이 소개

会社員です。
かい しゃ いん

회사원이에요.

자기소개를 하며 직업, 나이 등을 소개할 때는 간단히 ~です(~입니다)를 써서 말하면 됩니다. '회사원'은 会社員(かいしゃいん), '대학생'은 大学生(だいがくせい), '주부'는 主婦(しゅふ)라고 하고, 나이를 말할 때는 숫자 뒤에 ~歳(さい)를 넣어 표현합니다.

A お仕事は 何を されて いますか。
しごと　なに

　무슨 일을 하세요?

B 会社員です。
かいしゃいん

　회사원이에요.

🗣️ 단어　仕事(しごと) 일　何(なに) 무엇　される 하시다　会社員(かいしゃいん) 회사원

스무 살이에요.

<ruby>20歳<rt>はたち</rt></ruby> です。

▶ 20歳(스무 살)는 はたち라고 읽음

2000년생입니다.

<ruby>2000年生<rt>にせん ねん う</rt></ruby> まれです。

~年生(ねんう)まれ는 '~년생'이고,
~年生(ねんせい)는 '~학년'이란 뜻이니 주의하세요.

독신이에요.

<ruby>独身<rt>どく しん</rt></ruby> です。

일본어에서의 独身(どくしん)은 미혼인 사람은 물론, 결혼했더
라도 이혼이나 사별 등으로 현재는 혼자인 경우도 포함합니다.

혈액형은 A형이에요.

<ruby>血液型<rt>けつ えき がた</rt></ruby> は <ruby>A型<rt>エー がた</rt></ruby> です。

동료인 다나카입니다.

<ruby>同僚<rt>どう りょう</rt></ruby> の <ruby>田中<rt>た なか</rt></ruby> です。

제3자를 소개할 때는 「こちらは ~です」(이쪽은
~입니다) 패턴을 써서 표현하기도 해요.

취미 묻기

趣味は なんですか。
<small>しゅ み</small>

취미는 뭐예요?

서로 할 말이 별로 없을 때 유용한 '취미 묻기' 표현입니다. '취미'는 일본어로 趣味(しゅみ)라고 해요. 취미 하면 역시 読書(どくしょ 독서), 映画鑑賞(えいがかんしょう 영화 감상), 旅行(りょこう 여행)가 대표적이죠. 「～は なんですか」는 '～는 무엇입니까?'란 뜻.

A 趣味は なんですか。
<small>しゅ み</small>

취미는 뭐예요?

B そうですね。音楽鑑賞かな。
<small>おんがくかんしょう</small>

글쎄요. 음악 감상이려나.

🗣️단어 趣味(しゅみ) 취미 音楽鑑賞(おんがくかんしょう) 음악 감상

쉬는 날은 뭘 하세요?	休みの日は 何を しますか。

제 취미는 여행이에요.	私の 趣味は 旅行です。

집에서 느긋하게 쉬어요.	家で のんびりします。

▶ のんびりする 느긋하게 지내다, 한가롭게 지내다

기타를 배우고 있어요.	ギターを 習って います。

▶ 習(なら)う 배우다

야구에는 관심 있나요?	野球には 興味 ありますか。

'축구'는 サッカー, '농구'는 バスケ라고 해요.

감사 인사할 때

ありがとう。

고마워.

친구가 나를 위해 호의를 베풀거나 배려해 주면 고마운 마음을 담아 ありがとう.라고 말해 보세요. 상대가 윗사람일 때는 뒤에 ございます를 붙여 ありがとうございます.(감사합니다)라고 공손하게 말해야 겠죠? 백 번 들어도 질리지 않는 말이 고맙다는 말인 것 같아요.

A 実は ずっと 前から 好きだった。
실은 훨씬 전부터 좋아했어.

B ごめん。でも、ありがとう。
미안해. 하지만 고마워.

🐱단어 実(じつ)는 실은 ずっと 훨씬, 내내 前(まえ) 전 から ~부터 好(す)きだ 좋아하다

정말 감사했습니다.	どうも ありがとう ございました。

천만에요.	どういたしまして。

미안해.	ごめんね。

죄송합니다.	すみません。

▶ 사과할 때

대단히 죄송합니다.	申(もう)し訳(わけ)ありません。

> すみません보다 한층 공손한 표현으로, 더 정중한
> 표현은 申(もう)し訳(わけ)ございません입니다.

친구의 기쁜 소식을 들었을 때

おめでとう!

축하해!

좋은 일은 나누면 배가 된다고 하죠? 초급자라도 축하 표현만큼은 능숙하게 말할 수 있게 익혀 봐요. 「ありがとう → ありがとうございます」와 마찬가지로, おめでとう 뒤에 ございます를 붙여 おめでとうございます。라고 하면 '축하합니다'라는 존댓말이 됩니다.

A お誕生日、おめでとう!
<small>たんじょう び</small>

생일 축하해!

B ありがとう!

고마워!

🗣️**단어** 誕生日(たんじょうび) 생일 おめでとう 축하해 ありがとう 고마워

해냈구나!	**やったね！**
졸업 축하해!	**卒業、おめでとう！** そつ ぎょう
결혼 축하드립니다.	**ご結婚、おめでとうございます。** けっ こん
새해 복 많이 받으세요!	**あけまして おめでとうございます！** ▶ 줄여서 **あけおめ**라고도 함
메리 크리스마스!	**メリークリスマス！** ▶ 줄여서 **メリクリ**라고도 함

020

따뜻한 위로의 한마디

お前のせいじゃないよ。

네 탓이 아니야.

자책하는 친구가 있다면 이 말로 위로해 주세요. お前(まえ)는 '너'란 뜻으로, 친구나 손아랫사람에게 씁니다. せい는 '원인, 이유, 탓', じゃない는 '~이 아니다', 맨 끝의 よ는 말하는 사람의 주장이나 의지, 강조를 나타내는 종조사예요.

A 謝らないで。お前のせいじゃないよ。

사과하지 마. 네 탓이 아니야.

B でも、私のせいで……。

하지만 나 때문에….

🐻 **단어** 謝(あやま)る 사과하다　お前(まえ) 너, 자네　せい 탓　私(わたし) 나, 저

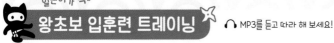
힘내!	元気_{げんき}出_だして!

힘내! 　元気出して!

분명 괜찮을 거야. 　きっと 大丈夫よ。

어떻게든 될 거야. 　どうにか なるよ。

なんとか なるよ도 같은 뜻이에요.

내일 또 힘내자. 　また 明日 頑張ろう。

그렇게 풀 죽어 있지 마! 　そんなに へこむなよ!

▶ へこむ 움푹 패다, 찌부러지다　～な ～지 마[금지]

기뻐!
슬퍼.
바보 취급하지 마!
뻔뻔하네!
동안이네요.
요즘 살쪘어.
내가 아니야!
짜증 나!
저 사람 진짜 싫어.
무서워!

Chapter 03

감정·성격·외모

기쁠 때

うれしい!

기뻐!

うれしい는 '기쁘다'라는 뜻의 い형용사인데, 그 자체로 '기뻐'라는 표현이 됩니다. 보통 굉장히 기쁜 표정으로 말해요. 앞에 '매우, 대단히'란 뜻의 超(ちょう)나 めっちゃ를 붙여서 超(ちょう)うれしい!, めっちゃうれしい! 라고 하면 '짱 기뻐!', '엄청 기뻐!'라는 뜻이 됩니다.

A 誕生日(たんじょうび)でしょう? これ、プレゼント。

생일이지? 이거 선물.

B うれしい!

기뻐!

🔊 **단어** 誕生日(たんじょうび) 생일 これ 이것 プレゼント 선물 うれしい 기쁘다

| 최고예요! | さい こう
最高です！ |

| 기분 좋아지네! | テンション 上^あがるね！ |

흔히 '기분이 업(up)된다'고 말하는 상황에서 써요. テンション은
영어 tension에서 나온 말인데, '기분'으로 이해하면 됩니다.

| 엄청 기대돼! | すごく 楽^{たの}しみだね！ |

▶ 楽(たの)しみ 낙, 즐거움, 기대

| 꿈 아니지? | ゆめ
夢じゃないよね！ |

| 그렇게 말해 주니 기뻐. | そう 言^いわれると うれしい。 |

言(い)われる는 '말해지다'라는 수동 표현이지만 해석할 때는
'(남이) 말하다, 말해 주다'라고 하는 게 자연스러워요.

헤어지자는 말을 들었을 때

かな

悲しい。

슬퍼.

悲(かな)しい는 うれしい의 반대말로, '슬프다'란 뜻입니다. 비슷한 표현으로 切(せつ)ない가 있는데, '애절하다, 괴롭다, 안타깝다'란 뜻으로 조금 더 절절한 표현이에요. 그리고 '분하다'는 くやしい라고 합니다. 애인한테 문자로 이별 통보를 받았다면 悲(かな)しい할까요, 아니면 くやしい할까요?

A なんで 振(ふ)られたの？

왜 차인 거야?

B 理由(りゆう)が わからない。悲(かな)しい。

이유를 모르겠어. 슬퍼.

단어 なんで 왜, 어째서 振(ふ)られる 차이다 理由(りゆう) 이유 わかる 알다, 이해하다

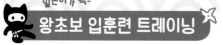
| 쓸쓸해. | ^{さび}寂しい。 |

寂しい는 さびしい라고도 읽고, さみしい라고도 해요.
뜻은 둘 다 '쓸쓸하다, 적적하다'입니다.

| 상처받았어. | ^{きず つ}傷付いた。 |

▶ 傷付(きずつ)く 상처를 입다, 마음이 상하다

| 엄청 우울해요. | すごく ゆううつです。 |

▶ ゆううつ 우울

| 눈물이 멈추지 않아. | ^{なみだ}涙が ^{とま}止らない。 |

▶ 止(とま)る 멈추다

| 늘 외톨이야. | いつも ^{ひとり}一人ぼっちなんだ。 |

▶ 一人(ひとり)ぼっち 외톨이

화날 때

バカに しないで！

바보 취급하지 마!

말할 때 은근슬쩍 상대방을 바보 취급하는 사람이 있어요. 이럴 땐 무조건 참지만 말고 「バカに しないで！」(바보 취급하지 마!) 하고 한마디해 주세요. バカ는 '바보'란 뜻으로, 흔히 가타카나로 표기합니다.

A　いち たす いち
　　１ ＋ １ は？
　　1 더하기 1은?

B　バカに してんの？ バカに しないで！
　　바보 취급하는 거야? 바보 취급하지 마!

🐱단어　足(た)す 더하다(+)　バカ 바보　してんの？ 하는 거야?　しないで 하지 마

070

 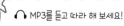
그래! 화났다!

そう！怒ってる！

무시하는 거야?

なめてんの？

> なめてるの?의 구어체 표현으로, なめる는 '우습게 보다, 깔보다'라는 뜻이에요.

까불지 마!

ふざけんなよ！

> ふざけるなよ！의 구어체 표현이에요.

때려 주마.

殴って やる。

▶ 殴(なぐ)る 세게 치다

두들겨 패 버려!

ぼこぼこに しちゃえ！

▶ ぼこぼこ 우둘두둘, 울퉁불퉁　～ちゃえ ～해 버려

양초보 탈출

024

호의를 권리로 착각하는 사람에게

図々しい!
ずう　ずう

뻔뻔하네!

'뻔뻔하다'는 図々(ずうずう)しい라고 합니다. ずうずうしい는 원래 図図しい인데, 일본어에서는 같은 한자가 반복되면 두 번째 한자는 々로 표기합니다. 그래서 두 번째 図 대신 々를 써서 図々しい가 된 거예요. 비슷한 표현으로 厚(あつ)かましい가 있는데, 이 역시 '뻔뻔하다, 낯 두껍다'란 뜻입니다.

A 席を 譲ったのに 「ありがとう」も 言わない!
せき　　　ゆず　　　　　　　　　　　　　　　　い
자리를 양보해 줬는데 '고마워'라고도 안 해!

B 図々しいね! 뻔뻔하네!
ずうずう

🗣️단어 　席(せき) 자리, 좌석　譲(ゆず)る 양보하다　図々(ずうずう)しい 뻔뻔하다

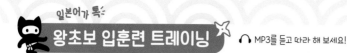

그는 다정해요.

彼^{かれ}は 優^{やさ}しいです。

> 반대로 '냉정하다'고 할 때는 冷^{つめ}たい
> 라고 합니다.

진짜 머리가 좋아.

本当^{ほんとう} 頭^{あたま}が いい。

수다쟁이에 시끄러워.

お喋^{しゃべ}りで うるさい。

▶ お喋(しゃべ)り 수다스러움, 수다쟁이

제멋대로인 데가 있어.

わがままな ところが ある。

> わがまま는 버릇없이 제멋대로 행동하는
> 것을 뜻해요.

저 사람은 화나면 무서워.

あの 人^{ひと}は 怒^{おこ}ると 怖^{こわ}いよ。

▶ ~と ~하면

정말 그 나이 맞아요?

童顔ですね。
<small>どう がん</small>

동안이네요.

'동안'은 일본어로도 童顔(どうがん)이라고 해요. 또는 풀어서 「若(わかく) 見(み)える」(젊어 보인다)라고도 표현합니다. 반대로 '늙다'는 老(ふ)ける, '나이를 먹다'는 「年(とし)を 取(と)る」라고 합니다. 이때 老(ふ)ける는 보기에 늙어 보이는 것을 의미합니다.

A あの 俳優さん 相変わらず 若く 見えますね。
<small>はいゆう あいか わか み</small>

저 배우 여전히 젊어 보이네요.

B 本当に 童顔ですね。
<small>ほんとう どうがん</small>

정말 동안이네요.

🔊 **단어** 俳優(はいゆう) 배우 相変(あいか)わらず 변함없이 若(わか)い 젊다 見(み)える 보이다

자존심이 세.

プライド 高(たか)い。

차분해.

落(お)ち着(つ)いて いる。

▶ 落(お)ち着(つ)く 침착하다, 안정되다

항상 예의 발라.

いつも 礼儀正(れいぎただ)しい。

그 옷 잘 어울려.

その 服(ふく)、よく 似合(にあ)うよ。

> 반대로 '안 어울린다'는 似合(にあ)わない,
> '촌스럽다'는 ダサい라고 해요.

성실한 사람이에요.

まじめな 人(ひと)です。

▶ まじめだ 성실하다, 진지하다

026

맛있으면 0칼로리

<ruby>最<rt>さい</rt></ruby><ruby>近<rt>きん</rt></ruby> <ruby>太<rt>ふと</rt></ruby>った。

요즘 살쪘어.

평생의 숙제인 ダイエット(다이어트)! 일본어로 '살찌다'는 太(ふと)る 라고 하고, '살 빠지다'는 痩(や)せる라고 합니다. '요요'는 일본어로 リバウンド라고 해요. 공이 다시 튀어오르는 '리바운드'처럼 체중(体 重 たいじゅう)이 다시 돌아오는 거죠.

A <ruby>最<rt>さい</rt></ruby><ruby>近<rt>きん</rt></ruby> また <ruby>太<rt>ふと</rt></ruby>った。

요즘 다시 살쪘어.

B じゃ、<ruby>一<rt>いっ</rt></ruby><ruby>緒<rt>しょ</rt></ruby> に <ruby>運<rt>うん</rt></ruby><ruby>動<rt>どう</rt></ruby>しよう。

그럼, 같이 운동하자.

단어 最近(さいきん) 최근 太(ふと)る 살찌다 一緒(いっしょ)に 함께 運動(うんどう) 운동

다이어트 중이에요.

ダイエット<ruby>中<rt>ちゅう</rt></ruby>です。

한 시간씩 운동해요.

<ruby>一時間<rt>いちじかん</rt></ruby>ずつ <ruby>運動<rt>うんどう</rt></ruby>します。

▶ ~ずつ ~씩

3킬로 빠졌어요!

３キロ <ruby>痩<rt>や</rt></ruby>せちゃいました！

'살쪘어요'는 太(ふと)っちゃいました라고 합니다.

다이어트는 내일부터.

ダイエットは <ruby>明日<rt>あした</rt></ruby>から。

식욕은 한순간
뚱보는 한평생!

<ruby>食欲<rt>しょくよく</rt></ruby><ruby>一瞬<rt>いっしゅん</rt></ruby> デブ<ruby>一生<rt>いっしょう</rt></ruby>！

일본에서 많이 쓰는 다이어트 명언이에요.
デブ는 '뚱보, 돼지'란 뜻의 비속어입니다.

억울함을 호소할 때

私じゃない!
（わたし）

내가 아니야!

자신이 하지도 않은 일로 억울하게 누명을 썼다면 私(わたし)じゃない!(난 아니야!)라고 당당하게 말해야 합니다. 黙(だま)って(입 다물고) 가만히 있으면 안 돼요. ~じゃない는 ~ではない의 회화체 표현입니다.

A 犯人は あなたですね。
（はんにん）
범인은 당신이군요.

B 私じゃないです! 証拠 あるんですか。
（わたし）（しょうこ）
저 아니에요! 증거 있어요?

🗣️**단어** 犯人(はんにん) 범인 あなた 당신 証拠(しょうこ) 증거 ある 있다 [사물·식물]

믿어 주세요.

信じて ください。

▶ 信(しん)じる 믿다

의심하지 마!

疑わないで！

▶ 疑(うたが)う 의심하다

저랑 관계없어요.

私と 関係 ありません。

거짓말이 아니라고
했잖아.

嘘じゃないって 言った
でしょう？

훔치지 않았다니까!

盗んで ないって！

▶ 盗(ぬす)む 훔치다 って ～(한)다니까

028

왜 이렇게 되는 일이 없지?!

うざい!

짜증 나!

하루 종일 일이 잘 풀리지 않을 때 '짜증 나!'라는 말이 절로 나오죠?
이럴 때 일본어로는 うざい!라고 합니다. うざい는 うざったい의 줄
임말인데 '짜증 난다'란 뜻 외에도 '성가시다, 소름 끼치다, 이유 없이
그냥 싫다' 등의 여러 의미가 있으니 문맥 속에서 파악해 주세요.

A あ〜、ゲーム ミスった。うざい!

아〜, 게임 실수했어. 짜증 나!

B また ゲーム してるの?

또 게임하는 거야?

🗣️**단어** ゲーム 게임 ミスる 실수(miss)를 하다 また 또

짜증 나!	**イライラする！**

열 받아!	**むかつく！**

> むかつく는 '화난다, 열 받는다, 짜증 난다'
> 란 의미로, ムカつく로도 흔히 씁니다.

그 표정이 화가 나.	**あの 表情^{ひょうじょう}が 腹立^{はら だ}つわ。**

이제 그만 좀 해.	**もう いい加減^{か げん}に してよ。**

▶ 한도를 넘었을 때

더 이상 참을 수 없어.	**もう 我慢^{が まん}できない。**

▶ 我慢(がまん)する 참다

029

그냥 싫은 게 아니라 정말 싫을 때

あの人、大嫌い。

저 사람 진짜 싫어.

사회생활을 하다 보면 뒷담화(陰口 かげぐち)도 하게 돼요. 嫌(きら)いだ는 '싫다, 싫어하다'란 뜻의 な형용사로, 「～が 嫌(きら)い」하면 '～를 싫어해, ～가 싫어'란 뜻이 됩니다. 그냥 싫은 게 아니라 정말 싫을 때는 앞에 大(だい)를 붙여서 大嫌(だいきら)い!(진짜 싫어!)라고 해 보세요.

A **あの人、大嫌い!**
저 사람 진짜 싫어!

B **なんで？ いい 人だよ。**
왜? 좋은 사람이야.

단어 大嫌(だいきら)いだ 몹시 싫다 なんで 왜, 어째서 いい 좋다 人(ひと) 사람

기분 나빠.

キモイ。

気持(きも)ち悪(わる)い(기분 나쁘다)의 줄임
말로 젊은 사람들이 자주 쓰는 말이에요.

친해지고 싶지 않아.

仲良(なか よ)く なりたくない。

▶ 仲良(なかよ)い 사이좋다

친구하기 싫어.

友達(とも だち)に なりたくない。

저 사람은 좀 별로야.

あの人(ひと)、苦手(にが て)だよ。

이 말은 '저 사람은 코드가 안 맞아서 별로
좋아하지 않는다'는 뜻이에요.

딱 질색이에요.

まっぴらごめんです。

▶ まっぴらごめん 딱 질색이다, 절대로 싫다

무섭다고 할 때

こわ
怖い!

무서워!

怖(こわ)い는 '무섭다'란 뜻의 い형용사예요. 일본어의 い형용사는 그 자체로 하나의 표현이 되어 회화에 활용하기 좋으니 잘 익혀 두세요. '공포 영화'는 ホラー映画(えいが)라고 하는데, 映画(えいが)는 '에이 가'가 아니라 '에-가'처럼 え음을 길게 늘여 발음하세요.

A 映画 見に 行こう! ホラー映画は どう?

영화 보러 가자! 공포 영화는 어때?

B 怖い! 私は 無理!

무서워! 나는 무리야!

🗣️**단어** 映画(えいが) 영화 見(み)る 보다 ホラー 호러, 공포 無理(むり) 무리

소름 돋았어.

ぞっとした。

▶ ぞっと 오싹[춥거나 무서워서 소름이 끼치는 모양]

닭살 돋았어.

鳥肌立った。
とり はだ た

▶ 鳥肌立(とりはだだ)つ 소름이 끼치다, 닭살이 돋다

죽는 줄 알았어.

死ぬかと 思った。
し   おも

하지 마! 진짜 무서우니까.

やめて! 本当 怖いから。
ほんとう こわ

겁쟁이네.

怖がりね。
こわ

▶ 怖(こわ)がり 겁쟁이

여보세요.
영화 보러 안 갈래?
매워!
내일 만나지 않을래요?
빨리 해!
정리해!
열이 있어요.
이체하고 싶은데요.
사진처럼 해 주세요.
운전 잘하네!

Chapter 04

일상생활
일본어 표현

전화할 때

もしもし。

여보세요?

もしもし는 '여보세요'란 뜻으로, 전화를 거는 쪽에서도 받는 쪽에서도 사용할 수 있어요. 억양을 약간 높여서 발음하면 훨씬 자연스럽게 들립니다. 회사로 걸려온 전화를 받을 때는 「はい、회사 이름＋でございます。」(네, ~입니다.) 하고 회사 이름을 말해 주는 게 좋습니다.

A もしもし、クリスですが、田中さん いらっしゃいますか。

여보세요, 크리스인데요, 다나카 씨 계십니까?

B ああ、クリスさん。こんにちは。

아, 크리스 씨. 안녕하세요.

단어 いらっしゃる 계시다　こんにちは 안녕, 안녕하세요

🎧 MP3를 듣고 따라 해 보세요!

누구세요?

どちら様<ruby>様<rt>さま</rt></ruby>ですか。

▶ 상대방의 신원을 물을 때

전화가 연결이 안 돼.

電話<rt>でんわ</rt>が つながらない。

▶ つながる 연결되다

나중에 다시 걸게요.

後<rt>あと</rt>で かけ直<rt>なお</rt>します。

전화를 건 사람이 다시 걸겠다고 말하는 상황입니다.

제가 다시 전화드리겠습니다.

折<rt>お</rt>り返<rt>かえ</rt>し お電話<rt>でんわ</rt>いたします。

전화를 받은 쪽이 다시 걸겠다고 할 때 쓰는 표현으로, 비즈니스 회화에 자주 나옵니다.

바로 전화 줘!

すぐ 電話<rt>でんわ</rt>して！

제안할 때

映画 見に 行かない？
えい が み い

영화 보러 안 갈래?

'영화를 보다'는 「映画(えいが)を 見(み)る」라고 합니다. 뭔가를 하러 가자고 권유할 때는 「～に 行(い)かない？」(~하러 안 갈래?) 패턴을 쓰면 되는데, 이때 に 앞에는 동사의 ます형이 와요. 공손한 표현은 「～に 行(い)きませんか」(~하러 안 갈래요?)입니다.

A 良かったら 映画 見に 行かない？
よ　　　　えい が み い
괜찮으면 영화 보러 안 갈래?

B それ、いいね！
그거 좋지!

🗨️**단어** 良(よ)かったら 괜찮다면 映画(えいが) 영화 見(み)る 보다 行(い)く 가다 いい 좋다

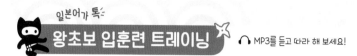
공포 영화를 좋아해요.

ホラー映画が 好きです。

▶ ~が 好(す)きだ ~를 좋아하다

누가 나오는데?

誰が 出てるの？

그럼 그거 보자.

じゃあ、それ 見よう。

팝콘 살까?

ポップコーン 買おうか。

팝콘의 단짝인 '콜라'는 コーラ라고 해요.

영화 어땠어?

映画 どうだった？

맛을 표현할 때

から
辛い!

매워!

'맵다'는 '매울 신'을 써서 辛(から)이라고 합니다. 끝음 い 대신 っ를 붙여 辛(から)っ!이라고 하면 '매워!'란 뜻으로, 아주 맵다는 느낌을 줍니다. 요즘은 일본에서도 한국음식이 유행하고 있어 젊은 사람들은 トッポギ(떡볶이) 먹기에 도전하기도 한다네요.

かんこく   ゆうめい
A 韓国で 有名な トッポギです。

한국에서 유명한 떡볶이예요.

B おいしそう～。うわっ! から
辛い!

맛있겠다～. 우왓! 매워!

🔊 **단어** 有名(ゆうめい)だ 유명하다 おいしい 맛있다 そうだ ~일 것 같다

092

이건 맛있어.

これは おいしい。

이 케이크 달다!

この ケーキ 甘^{あま}いね!

▶ 甘(あま)い 달다

맛이 약간 싱거워.

ちょっと 味^{あじ}が 薄^{うす}い。

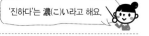

'진하다'는 濃(こ)い라고 해요.

아직 맛을 안 봤어.

まだ 味見^{あじ み}は してない。

▶ 味見(あじみ) 맛을 봄

튀김은 기름져.

てんぷらは 脂^{あぶら}っこい。

▶ てんぷら 튀김　脂(あぶら)っこい 기름지다, 느끼하다

공손하게 권유할 때

明日、会いませんか。

내일 만나지 않을래요?

会(あ)いません(만나지 않습니다)은 '만나다'라는 뜻의 동사 会(あ)う의 정중한 부정 표현인데, 뒤에 か를 붙여 질문형을 만들면 '만나지 않을래요?'라고 공손하게 권유하는 표현이 돼요. 만나기로 했다면 「いつ会(あ)いましょうか。」(언제 만날까요?)나 「どこで 会(あ)いましょうか。」(어디서 만날까요?)로 시간과 장소를 정하면 끝!

A 良かったら 明日、会いませんか。
괜찮으면 내일 만나지 않을래요?

B いいですよ。
좋아요.

🔤 **단어** 良(よ)かったら 괜찮으면 会(あ)う 만나다 ~ませんか ~지 않을래요?

술 마시러 안 갈래?

飲^のみに 行^いかない?

> ~에 行(い)かない?는 '~하러 안 갈래?,
> ~하러 가자'란 뜻의 권유 표현이에요.

다 같이 만나자.

みんなで 会^あおう。

올 수 있는지 알려 줘.

来^こられるか どうか 教^{おし}えて。

> '갈 수 있는지'는 行(い)けるか どうか라고
> 합니다.

일이 있어서 무리예요.

仕事^{し ごと}が あって 無理^{む り}です。

곧 도착해.

そろそろ 着^つくよ。

▶ 着(つ)く 도착하다

서두르라고 재촉할 때

はや
早く しろ!

빨리 해!

早(はや)く는 '빨리'란 뜻의 부사인데, 뒤에 명령조의 말을 덧붙이면 재촉하는 표현이 됩니다. 가령 계속 꾸물거리는 친구에게는 「早(はや)く しろ!」(빨리 해!), 늦잠 자는 가족에게는 「早(はや)く 起(お)きなさい!」(빨리 일어나!)라고 말하게 되죠. 早(はや)く!라고만 해도 '빨리!' 하라는 재촉 표현이 됩니다.

はや
A 早く しろ!

빨리 해!

ふん
B あと 5分だけ。

5분만 더.

단어 あと 앞으로, 아직 ~だけ ~만, ~뿐

빨리 일어나. 지각해!	早^{はや}く 起^おきなさい。 遅刻^{ちこく}するよ！

早く 起きなさい。
遅刻するよ！

시간 없으니까
빨리 하세요.

時間^{じかん}ないから 早^{はや}く して
ください。

시간에 못 맞출지도 몰라.

間^まに 合^あわないかも 知^しれ
ない。

▶ 間(ま)に 合(あ)う 시간에 늦지 않다

바쁘단 말이야!

急^{いそ}いでるんだ！

▶ 急(いそ)ぐ 서두르다

꾸물대지 말고 얼른 해!

ぐずぐずしないで さっさと
やれ！

▶ ぐずぐず 꾸물꾸물, 우물쭈물　さっさと 빨랑빨랑, 척척

036

집안일하기

片付けなさい!

かた　づ

정리해!

청소할 때 가장 먼저 할 일은 바로 정리! '정리하다'는 片付(かたづ)け
る이고, 명사형인 '정리'는 片付(かたづ)け입니다. 정리가 끝났으면
필요 없는 물건은 捨(す)てる(버리다)하고, 끝으로 掃除機(そうじき)
を かける(청소기를 돌리다)하면 오늘의 청소 끝~!

A ここが 私の部屋です。
わたし　　へ や

여기가 제 방이에요.

B まるで ごみ屋敷だね。早く 片付けなさい!
や しき　　　 はや　 かた づ

마치 쓰레기 집 같네. 빨리 정리해!

단어 部屋(へや) 방　まるで 마치　ごみ屋敷(やしき) 쓰레기 집　片付(かたづ)ける 정리하다

방이 더럽네요.

汚_{きたな}い 部屋_{へや}ですね。

청소해야겠어.

掃除_{そうじ}しなくちゃ。

▶ 掃除(そうじ)する 청소하다　~なくちゃ ~하지 않으면 안 된다

청소기를 돌려 주세요.

掃除機_{そうじき}を かけて ください。

일본에서는 청소기를 '돌리지' 않고
かける(걸다)한답니다.

설거지는 매일 해요.

洗_{あら}い 物_{もの}は 毎日_{まいにち} します。

▶ 洗(あら)い物(もの)を する 설거지하다, 빨래하다

쓰레기 내놓고 올게.

ゴミ 出_だして くる。

'음식물 쓰레기'는 生(なま)ゴミ, '재활용
쓰레기'는 燃(も)えないゴミ라고 해요.

037

병원에서

熱が あります。
ねつ

열이 있어요.

아프면 당황하지 말고 병원(病院 びょういん)에 가서 증상을 말해 보세요. 의사가 「今日(きょう)は どうしましたか。」(오늘은 어떻게 오셨나요?) 하고 증상을 물어보면 간단히 「〜が 痛(いた)いです」(〜가 아파요)라는 패턴을 써서 말하면 됩니다. 그리고 열이 있으면 「熱(ねつ)が あります。」라고 말하면 돼요.

A 今日は どうしましたか。
きょう

오늘은 어떻게 오셨나요?

B 昨日から 熱が あります。
きのう　　　ねつ

어제부터 열이 있어요.

🔵**단어** 今日(きょう) 오늘 昨日(きのう) 어제 熱(ねつ) 열 ある 있다[사물·식물]

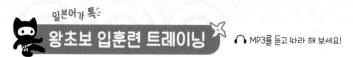
머리가 아파요.

頭が 痛いです。

여기가 아파요.

ここが 痛いです。

> 아픈 부위 명칭을 일본어로 모를 때는 해당 부위를 손으로 가리키며 이렇게 말하면 돼요.

감기 걸린 것 같아요.

風邪を ひいたみたいです。

▶ 風邪(かぜ)を ひく 감기 걸리다

계속 속이 안 좋아요.

ずっと 気分が 悪いです。

> 気分(きぶん)が 悪(わる)い는 '속이 안 좋아서 기분이 나쁘다'는 뜻이에요.

어제는 설사를 했어요.

昨日は 下痢を しました。

▶ 下痢(げり)を する 설사하다

은행에서

振り込みしたいんですが。

이체하고 싶은데요.

振(ふ)り込(こ)みは '계좌이체, 송금'을 뜻합니다. 그래서 「振(ふ)り込(こ)み 詐欺(さぎ)」는 '계좌이체 사기', 즉 '보이스 피싱'을 가리킵니다. 원래 일본은 오후 3시 이후에 이체하면 다음 날 처리되는 시스템이었는데 2018년 10월 9일부터 24시간 가능해졌다고 합니다.

A 振り込みしたいんですが。

이체하고 싶은데요.

B こちらの 用紙に ご記入ください。

이쪽 용지에 기입해 주세요.

単어 振(ふ)り込(こ)み (계좌)이체 こちら 이쪽 用紙(ようし) 용지 記入(きにゅう) 기입

송금하겠습니다.	そうきん 送金します。

수수료는 얼마예요?	て すうりょう 手数料は いくらですか。

계좌를 만들고 싶어요.	こう ざ つく 口座を 作りたいです。 ▶ 口座(こうざ) 계좌

체크카드로 해 주세요.	ねが デビットカードで お願い します。 ▶ デビットカード 직불카드, 체크카드

계좌이체로 해 주세요.	こう ざ ふ こ 口座振り込みに して ください。

미용실에서

写真のように して ください。

사진처럼 해 주세요.

'미용실'은 일본어로 美容院(びよういん) 또는 美容室(びようしつ) 라고 합니다. 원하는 헤어스타일을 설명하기 어려울 때는 사진을 보여 주며 「写真(しゃしん)のように して ください。」(사진처럼 해 주세요), 또는 「こんな 感(かん)じに して ください。」(이런 느낌으로 해 주세 요)라고 말해 보세요.

A 写真のように して ください。

사진처럼 해 주세요.

B かしこまりました。

알겠습니다.

🐷단어 写真(しゃしん) 사진 ~ように ~처럼 かしこまる 삼가 명령을 받들다

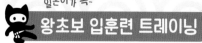
커트해 주세요.

カットして ください。

파마를 하고 싶어요.

パーマを かけたいです。

▶ パーマを かける 파마를 하다

이런 머리로 하고 싶어요.

こんな 髪型(かみがた)に したいです。

▶ 髪型(かみがた) 머리 모양, 헤어스타일

밝은색으로 염색하고
싶어요.

明(あか)るい 色(いろ)に 染(そ)めたいです。

▶ 染(そ)める 염색하다

조금 더 잘라 주세요.

もう少(すこ)し 切(き)って ください。

'조금만 더'라고 말할 땐 もうちょっと
라고도 합니다.

운전할 때

運転、うまいね！

운전 잘하네!

운전을 부드럽고 안전하게 하는 사람들을 칭찬할 때 쓰면 좋은 말이에요. うまい는 '맛있다'라는 뜻도 있지만, 여기서는 '잘하다, 능숙하다'라는 뜻이에요. 비슷한 말로 上手(じょうず)だ(능숙하다, 잘하다)가 있는데, 이말 앞에는 조사 を가 아니라 が를 써야 한다는 것, 꼭 기억하세요.

A 運転、うまいね！ プロみたい。

운전 잘한다! 프로 같아.

B そう？ ありがとう。

그래? 고마워.

단어 運転(うんてん) 운전 うまい 잘하다, 솜씨가 뛰어나다 プロ 프로(프로페셔널)

106

| (기름) 가득 넣어 주세요. | 満タンに して ください。 |

▶ 満(まん)タン 연료나 물 등을 그릇 가득 채움

| 안전벨트를 매 주세요. | シートベルトを 締めて ください。 |

우리는 '안전벨트'라고 하는데 일본에서는
シートベルト(좌석벨트)라고 합니다.

| 창문을 열어도 되나요? | 窓を 開けても いいですか。 |

| 면허 있나요? | 免許 持ってますか。 |

'장롱면허'는 ペーパー免許(めんきょ)라고
해요. '종이(paper) 면허'란 뜻이죠.

| 운전 교대합시다! | 運転 交代しましょう！ |

담요 주세요.
공항버스는 어디에서 타나요?
더운물이 안 나와요.
실례합니다.
여권을 잃어버렸어요.
이거 주세요.
이건 안 시켰어요.
사진 찍어도 되나요?
신주쿠역까지 가나요?
누가 좀 도와주세요!

Chapter 05

두근두근
해외여행

기내에서

毛布 ください。
<small>もう ふ</small>

담요 주세요.

기내에서 '담요'가 필요할 때는 승무원에게 「毛布(もうふ) ください。」
(담요 주세요)라고 말해 보세요. 담요 외에 '물'은 お水(みず), '헤드폰'
은 ヘッドホン, '콜라'는 コーラ 등 필요한 물건을 「〜(を) ください」
(〜(을) 주세요) 패턴에 넣어 말하면 쉽게 해결할 수 있어요.

A 毛布 ください。

담요 주세요.

B 何枚 要りますか。

몇 장 필요하세요?

🐷단어 ┃ 毛布(もうふ) 담요 ください 주세요 何枚(なんまい) 몇 장 要(い)る 필요하다

식사는 언제예요?

食事は いつですか。
しょく じ

잠시 지나가겠습니다.

ちょっと 通して ください。
とお

> ちょっと すみません(잠깐 실례할게요)
> 이라고 해도 됩니다.

앞으로 얼마 후에
도착해요?

後 どれくらいで 到着します
あと　　　　　　　　　とう ちゃく
か。

펜이 없어요.

ペンが ありません。

> 입국 신고서 등을 작성할 때 펜이 없는 경우
> 꼭 필요한 말이에요.

펜을 빌려주세요.

ペンを 貸して ください。
か

▶ 貸(か)す 빌려주다

왕초보 탈출

042

공항에서

空港バスは どこで 乗れますか。
くう こう　　　　　　　　　　　　　　　　　　の

공항버스는 어디에서 타나요?

공항버스 타는 곳의 위치를 묻는 표현으로, '공항버스는 어디에서 탈
수 있습니까?'라고 표현합니다. 乗(の)れる는 '탈 수 있다'란 뜻으로,
'타다'란 뜻의 乗(の)る의 가능형입니다. '공항'은 '항공'이라는 단어와
헷갈리기 쉬운데 '공항'은 空港(くうこう), '항공'은 航空(こうくう)
입니다.

A 空港バスは どこで 乗れますか。
くうこう　　　　　　　　　　　の
공항버스는 어디에서 타나요?

B 4番の 出口を 出て すぐ 右側です。
よんばん　でぐち　で　　　　みぎがわ
4번 출구를 나가서 바로 오른쪽입니다.

🐾**단어** 出口(でぐち) 출구　出(で)る 나오다, 나가다　すぐ 바로, 곧　右側(みぎがわ) 우측, 오른편

환전하고 싶은데요.

りょうがえ
両替 したいんですが。

▶ 両替(りょうがえ)する 환전하다

카트는 어디에 있나요?

カートは どこに ありますか。

> ~は どこに ありますか 대신
> ~は どこですか라고 해도 돼요.

탑승구는 어디예요?

とうじょうぐち
搭乗口は どこですか。

▶ 搭乗口(とうじょうぐち) 탑승구

면세점은 어디예요?

めんぜいてん
免税店は どこですか。

▶ 免税店(めんぜいてん) 면세점

짐이 안 나와요.

に もつ   で
荷物が 出て こないんです。

> 荷物(にもつ)が ありませんが(짐이 없는데요)
> 도 비슷한 의미예요.

호텔에서

お湯が 出ません。

더운물이 안 나와요.

호텔에서 예기치 못한 상황이 발생하면 당황하지 말고 프런트(フロント)로 전화를 거세요. 온수가 안 나올 땐「お湯(ゆ)が 出(で)ません。」(더운물이 안 나와요)이라고 하면 됩니다. 일본에서는 '더운물'은 お湯(ゆ), '찬물'은 お水(みず), '얼음물'은 お冷(ひ)や라고 구분해서 표현합니다. 단, 술집에서 お冷(ひ)や라고 하면 차가운 술이 나옵니다.

A 308号室ですが、お湯が 出ません。
308호실인데요, 더운물이 안 나와요.

B すぐに 確認させて いただきます。 바로 확인하겠습니다.

🈁**단어** お湯(ゆ) 더운물 すぐに 바로, 즉시 確認(かくにん)する 확인하다

체크인 부탁드립니다.

チェックイン お願_{ねが}いします。

체크아웃은 몇 시예요?

チェックアウトは 何時_{なんじ}ですか。

불이 안 켜져요.

電気_{でんき}が つきません。

▶ 電気(でんき)が つく 불(전기)이 들어오다

수건이 없어요.

タオルが ありません。

'목욕 수건'은 バスタオル라고 합니다.

화장실 휴지가 없어요.

トイレットペーパーが
ありません。

トイレットペーパー는 '두루마리 화장지'를 말하고,
부드러운 고급 화장지는 ティッシュペーパー라고 해요.

말을 걸 때

すみません。

실례합니다.

すみません은 '미안합니다, 죄송합니다'라는 사과의 뜻 외에 다른 사람에게 말을 걸거나 식당 등에서 점원을 부를 때도 씁니다. 이때 앞에 '저'라는 뜻의 あの를 붙여 말하기도 합니다. 식당에서라면 「すみません、お水(みず) ください。」(여기요, 물 주세요.)와 같이 써 보세요.

A　あの、すみません。ここに 行(い)きたいんですが。

　　저, 실례합니다. [지도 등을 보여 주며] 여기에 가고 싶은데요.

B　この 道(みち)を そのまま 行(い)って ください。

　　이 길을 그대로 가세요.

🔵**단어**　ここ 여기　行(い)く 가다　道(みち) 길　そのまま 그대로

116

여기를 찾고 있어요.

ここを 探して います。

▶ 주소 등을 보여 주며 말할 때

걸어서 갈 수 있나요?

歩いて 行けますか。

교통수단을 말할 때는 で(~로)를 써서 **タクシーで**(택시로),
バスで(버스로), **電車(でんしゃ)で**(전철로)라고 합니다.

여기서 먼가요?

ここから 遠いですか。

▶ ~から ~에서부터

여기는 어디예요?

ここは どこですか。

근처에 편의점이 있나요?

近くに コンビニは ありますか。

コンビニ(편의점)는 **コンビニエンスストア**
(convenience store)의 줄임말이에요.

045

물건을 분실했을 때

パスポートを なくしました。

여권을 잃어버렸어요.

여행 중에 중요한 물건을 잃어버렸다면 큰일이죠. 하지만 당황하지 말고 침착하게 「〜を なくしました」(〜을 잃어버렸어요) 패턴을 써서 분실물이 무엇인지 말해 주세요. 참고로 '여권'은 パスポート, '지갑'은 財布(さいふ), '카메라'는 カメラ, '휴대폰'은 ケータイ 입니다.

A パスポートを なくしました。
여권을 잃어버렸어요.

B それは 大変^{たいへん}ですね！
그거 큰일이네요!

🔖**단어** パスポート 여권　なくす 잃어버리다, 분실하다　大変(たいへん)だ 큰일이다

가방을 두고 내렸어요.

かばんを 置き忘れました。

▶ 置(お)き忘(わす)れる (깜빡 잊고) 두고 오다

티켓을 잃어버렸어요.

チケットを なくしました。

▶ チケット 티켓(ticket)

스마트폰을 도난당했어요.

スマホを 盗まれました。

> スマホ(스마트폰)는 スマートフォン (smart phone)의 줄임말이에요.

500엔밖에 갖고
있지 않아요.

500円しか 持って いません。

▶ ~しか ~밖에 [뒤에는 부정 표현이 옴]

신용카드가 들어 있어요.

クレジットカードが 入って
います。

식당에서 주문할 때

これ、ください。

이거 주세요.

식당에 갔는데 메뉴판이 죄다 일본어뿐이라면? 그럴 땐 메뉴판의 사진을 가리키며 「これ、ください。」(이거 주세요)라고 하면 됩니다. 주문하고 싶은 메뉴가 여러 개라면 「これと これと これを ください。」(이거랑 이거랑 이거 주세요)라고 하면 되겠죠?

A ご注文は お決まりですか。

주문은 정하셨나요?

B オムライスと あと これ、ください。

오므라이스랑 그리고 이거 주세요.

🗨단어 注文(ちゅうもん) 주문   決(き)まる 정하다   ~と ~와/과   あと 그리고, 또

120

한국어 메뉴판 있나요?	韓国語の メニュー ありますか。 かん こく ご

추천 메뉴는 뭐예요?	おすすめの メニューは 何ですか。 なん

맵나요?	辛いですか。 から

소고기덮밥 곱빼기 하나 주세요.	牛丼大盛り 一つ ください。 ぎゅう どん おお も　　ひと

'보통'은 並(なみ), '곱빼기'는 大盛(おおも)り
라고 해요.

콜라 하나 주세요.	コーラを 一つ ください。 ひと

왕초보 탈출
047

음식이 잘못 나왔을 때

これは 頼_{たの}んでません。

이건 안 시켰어요.

음식을 주문할 때 '주문하다'는 注文(ちゅうもん)する이지만, 일상회화에서는 頼(たの)む라는 표현도 많이 씁니다. 頼(たの)む는 원래 '부탁하다'라는 뜻이지만 식당 등에서 쓸 때는 '주문하다'의 뜻이에요. 직원의 실수로 다른 음식이 나왔다면 「これは 頼(たの)んでません。」(이건 안 시켰어요)이라고 자신 있게 말해 보세요!

A すみません、これは 頼_{たの}んでません。
여기요, 이건 안 시켰어요.

B 申_{もう}し訳_{わけ}ありません。
죄송합니다.

단어 すみません 여기요, 실례합니다, 죄송합니다 申(もう)し訳(わけ)ない 변명할 여지가 없다

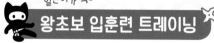
물수건을 주세요.

おしぼりを ください。

> '냅킨'은 ナフキン, 또는 紙(かみ)ナフキン이라고 합니다.

치즈를 빼 주세요.

チーズを 抜(ぬ)いて ください。

> 싫어하는 식재료를 빼 달라고 할 때는 ~を 抜(ぬ)いて
> ください(~를 빼 주세요) 패턴을 써 보세요.

개인 접시를 주세요.

取(と)り皿(ざら)を ください。

▶ 取(と)り皿(ざら) 개인 접시

주문 바꿔도 되나요?

注文(ちゅうもん) 変(か)えても いいですか。

▶ 変(か)える 바꾸다, 변경하다

얼마나 기다려야 해요?

どれぐらい 待(ま)ちますか。

찍기 전에 물어보세요

写真 撮っても いいですか。

しゃ しん と

사진 찍어도 되나요?

상점이나 박물관에서 사진을 찍을 때는 미리 허락을 구하는 게 좋아요. '사진을 찍다'는 「写真(しゃしん)を 撮(と)る」이고, 허락을 구하는 표현은 「~ても いいですか」(~해도 되나요?)입니다. 이때 만약 상대방의 대답에서 きんし라는 발음을 들었다면 그것은 '금지(禁止)'를 뜻하니 절대로 찍으면 안 돼요.

A 写真 撮っても いいですか。
しゃしん と
사진 찍어도 되나요?

B 申し訳 ございません。撮影は 禁止と なって おります。
もう わけ さつえい きん し
죄송합니다. 촬영은 금지되어 있습니다.

단어 写真(しゃしん) 사진　撮(と)る 찍다　撮影(さつえい) 촬영　禁止(きんし) 금지

티켓은 어디서 사나요?

チケットは どこで 買_かえますか。

> チケット売(う)り場(ば)は どこですか
> (매표소는 어디예요?)라고 해도 돼요.

할인권이 있는데요.

割引券_{わりびきけん}が ありますが。

안내 책자는 있나요?

ガイドブックは ありますか。

▶ ガイドブック 안내 책자(guide book)

출구는 어디예요?

出口_{でぐち}は どこですか。

> '입구'는 入口(いりぐち)라고 합니다.

(폐관은) 몇 시까지예요?

(閉館_{へいかん}は) 何時_{なんじ}までですか。

> 시작 시간을 물을 때는 何時(なんじ)から
> 예요までですか라고 해요.

행선지를 물을 때

新宿駅まで 行きますか。
しんじゅくえき　　い

신주쿠역까지 가나요?

버스(バス)나 지하철(地下鉄 ちかてつ)이 목적지까지 가는지 확인할 때는 「~まで 行(い)きますか」(~까지 가나요?)라는 패턴을 사용하면 돼요. 그리고 '~에 서나요?'라고 물을 땐 「~で 止(と)まりますか」라는 패턴을 사용해 보세요.

A この バスは 新宿駅まで 行きますか。
　　　　　　　　　しんじゅくえき　　い

　　이 버스는 신주쿠역까지 가나요?

B はい、行きます。
　　　　　い

　　네, 갑니다.

🗣️**단어** 新宿駅(しんじゅくえき) 신주쿠역 ～まで ～까지 行(い)く 가다 はい 네

126

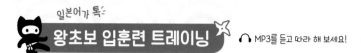
여기까지 가 주세요.

ここまで お願^{ねが}いします。

택시를 탔을 때 목적지 주소 등을 보여 주면서 이렇게 말하면 편해요.

버스 정류장은 어디예요?

バスのりばは どこですか。

'택시 타는 곳'은 タクシーのりば라고 해요.

도쿄역 가는 버스인가요?

東京駅行^{とうきょうえき ゆ}きの バスですか。

목적지를 나타내는 '~행'은 ~行(ゆ)き라고 합니다.

어디서 환승해요?

どこで 乗^のり 換^かえますか。

▶ 乗(の)り換(か)える 환승하다

1일 승차권을 주세요.

一日乗車券^{いち にち じょう しゃ けん}を ください。

위급상황 발생시

誰か 助けて ください!
だれ　　たす

누가 좀 도와주세요!

SOS...

다른 표현은 몰라도 위급한 상황이 발생했을 때 도움을 청하는 표현은 꼭 익혀 두어야겠죠? 급한 도움이 필요할 때 「誰(だれ)か 助(たす)けて ください!」(누가 좀 도와주세요!)라고 하거나, 짧게 「助(たす)けて!」(도와줘!, 살려줘!)라고 외치세요.

A 誰か 助けて ください!
　　だれ　　たす
누가 좀 도와주세요!

B 大丈夫ですか。
　　だいじょうぶ
괜찮으세요?

🗨️**단어** 誰(だれ)か 누군가 助(たす)ける 도와주다 大丈夫(だいじょうぶ)だ 괜찮다

128

| 날치기예요! | ひったくりです！ |

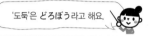

'도둑'은 どろぼう라고 해요.

| 아무것도 안했어요! | 何<ruby>なに</ruby>も してません！ |

| 몰랐어요. | 知<ruby>し</ruby>らなかったんです。 |

| 경찰을 불러 주세요! | 警察<ruby>けいさつ</ruby>を 呼<ruby>よ</ruby>んで ください！ |

'구급차'는 救急車(きゅうきゅうしゃ)입니다.

| 어떻게 하면 되나요? | どう すれば いいですか。 |

おいしい。

배고파.
가게에서 먹을 거예요.
맛있어.
레시피 알려 줘!
따뜻한 걸로 주세요.
사이즈는 어떻게 해 드릴까요?
건배!
한잔 어때?
여기서 토하지 마!
더치페이로 하자.

식사 및 음주

배고플 때

お腹 すいた。
<small>なか</small>

배고파.

다이어트를 결심하면 그날따라 더 배가 고픈 것 같아요. お腹(なか) すいた는 '배가 비었다', 즉 '배고프다'란 뜻입니다. 비슷한 표현으로는 腹減(はらへ)った, 腹(はら)페코가 있는데, 페코는 배고플 때 나는 소리 '꼬르륵'의 일본어 표현인 페코페코에서 나온 거예요.

A あ〜、お腹 すいた。
<small>なか</small>

아, 배고파.

B 出前でも 取ろうか。
<small>でまえ   と</small>

배달이라도 시킬까?

🗣️**단어** お腹(なか) 배 すく 비다 出前(でまえ)を 取(と)る 배달을 시키다 〜でも 〜라도

배고파.

腹ぺこだよ。
^{はら}

'출출하다'는 小腹(こばら)가 すいた라고
해요.

배고파서 죽을 것 같아.

お腹 すいて 死にそう!
^{なか} ^し

아무것도 못 먹었어.

何も 食べてない。
^{なに} ^た

배불러!

お腹 いっぱいだ!
^{なか}

과식했어.

食べすぎた。
^た

'과음했어'는 飲(の)みすぎた라고 합니다.

왕초보 탈출 052

음식점에서 포장 여부를 물을 때

店内です。
てん　　ない

가게에서 먹을 거예요.

chicken

패스트푸드점에서 음식을 주문하면 가게에서 먹을 건지 가져갈 건지를 묻죠? '가게 안'은 店内(てんない)라고 하고, 동사는 召(め)し上(あ)がる(드시다)라는 존경어를 씁니다. 만약 테이크아웃을 하고 싶다면「持(も)ち帰(かえ)りです。」(가져갈 거예요) 또는「テイクアウトで。」(테이크아웃으로요)라고 하면 돼요.

A 店内で お召し上がりでしょうか。
　　てんない　　　め　　あ

가게에서 드시나요?

B はい、店内です。
　　　　　　てんない

네, 가게에서 먹을 거예요.

🗣️ **단어** 店内(てんない) 가게 안 ～で ～에서[장소] 召(め)し上(あ)がる 드시다

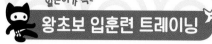
테이크아웃이요.   テイクアウトです。

일반 식당에서 포장해 갈 때는 お持(も)ち帰(かえ)り(들고 감)라고 해요.

사이드 메뉴는
감자튀김으로 (주세요).   サイドメニューは ポテトで。

뒤에 ください나 お願(ねが)いします라는 말을 덧붙여도 됩니다.

음료는 콜라로 (주세요).   飲みみ物ものは コーラで。

케첩 주세요.   ケチャップを お願ねがいします。

お願(ねが)いします 대신 ください(주세요)라고 해도 됩니다.

세트로 (주세요).   セットで。

'단품으로'라고 할 때는 単品(たんぴん)で라고 해요.

맛을 표현할 때

おいしい。

맛있어.

おいしい(맛있다)는 美(うつく)しい(아름답다)와 味(あじ)(맛)가 합쳐진 말이에요. 즉 황홀한 맛을 가졌다는 뜻의 い형용사입니다. 비슷한 표현으로는 うまい(맛있다)가 있는데, 요즘 젊은이들은 이 うまい를 거꾸로 해서 まいう〜라고 말하기도 해요. 반면 맛이 없을 때는 まずい(맛없어)라고 하면 됩니다.

A この 店 おいしいね!

이 집 맛있네!

B でしょう〜? SNSで 有名だって。

그렇지? SNS에서 유명하대.

🔴단어 店(みせ) 가게 おいしい 맛있다 有名(ゆうめい)だ 유명하다 〜だって 〜래

136

왕초보 입훈련 트레이닝

🎧 MP3를 듣고 따라 해 보세요!

파! 　　　　　**しょっぱい！**

'달다'는 甘(あま)い, '시다'는 すっぱい,
'맵다'는 辛(から)い라고 해요.

좀 써요. 　　　**ちょっと 苦(にが)いです。**

▶ 苦(にが)い 쓰다

아무 맛도 안 나. 　　**何(なん)の 味(あじ)も しない。**

▶ 味(あじ)が する 맛이 나다

이 푸딩 탱글탱글해. 　　**この プリン ぷりぷり！**

もちもち(쫄깃쫄깃), ふわふわ(말랑말랑),
しゃきしゃき(아삭아삭)도 함께 알아두세요.

이 치킨 바삭바삭해서
맛있어. 　　　**この チキン サクサクして おいしい。**

우리에게 チキン(치킨)이 있다면 일본
에는 からあげ(닭튀김)가 있어요.

Chapter 06 식사 및 음주　**137**

음식의 조리법을 물을 때

レシピ 教(おし)えて!

레시피 알려 줘!

친구집에 초대되어 음식을 대접받는다면 칭찬 한마디 해 주는 게 좋겠죠? おいしい!(맛있어!)만으로도 좋지만 「レシピ 教(おし)えて!」(레시피 알려 줘!)라고 물어보면 더욱 기뻐할 거예요. 비슷한 표현으로는 「作(つく)り方(かた) 教(おし)えて!」(만드는 법 알려 줘!)도 있어요.

A うわ～、これ 本当(ほんとう)に おいしい。レシピ 教(おし)えて!

와, 이거 진짜 맛있다. 레시피 알려 줘!

B 実(じつ)は スーパーで 買(か)ったの。

사실은 슈퍼에서 샀어.

🐷**단어** 教(おし)える 가르치다　実(じつ)は 사실은　買(か)う 사다

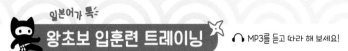
이거 어떻게 만든 거야?

これ、どうやって 作ったの？

▶ どうやって 어떻게[방법을 묻는 표현]

소스 뿌리자.

ソース かけよう。

'간장'은 しょうゆ, '소금'은 しお, '설탕'은
さとう, '후추'는 こしょう라고 해요.

디저트 먹자.

デザート 食べよう。

젓가락으로 음식을 찌르면
안 돼요!

さしばしは ダメです！

さしばしは 음식을 찔러 집는 젓가락질을 가리키는데,
일본에서는 예의에 어긋난 행동으로 여겨요.

잘 먹었습니다.

ごちそうさまでした。

▶ 식후에 하는 인사[식전 인사는 いただきます(잘 먹겠습니다)]

음료를 주문할 때

ホットで ください。

따뜻한 걸로 주세요.

음료 주문시 따뜻한 음료를 원한다면 「ホットで ください。」(뜨거운 걸로 주세요)라고 말해 보세요. ください를 빼고 간단히 「ホットで。」(뜨거운 걸로요)라고만 해도 됩니다. 저는 한겨울이 아니면 늘 차가운 음료를 주문하는데요, 차가운 음료를 원할 때는 ホット 대신 アイス 를 넣어 말하면 됩니다.

A コーヒーは ホットに されますか、アイスに されますか。
커피는 따뜻한 걸로 하시겠어요, 시원한 걸로 하시겠어요?

B ホットで ください。
따뜻한 걸로 주세요.

🔊 **단어** コーヒー 커피 ホット 뜨거운(hot) アイス 아이스(ice), 아이스커피

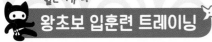
차가운 걸로 주세요.

アイスで ください。

> ください(주세요) 대신 お願(ねが)いします
> (부탁합니다)라고 해도 됩니다.

샷 추가해 주세요.

ショット 追加(ついか)して ください。

▶ 追加(ついか)する 추가하다

시럽 없이 주세요.

シロップなしで お願(ねが)いします。

▶ ~なしで ~없이

휘핑크림을 추가해
주세요.

ホイップクリームを 追加(ついか)して
ください。

휘핑크림은 적게
주세요.

ホイップクリームは 少(すく)なめに
お願(ねが)いします。

> '많이, 듬뿍'은 多(おお)めに라고 해요.

음료 크기를 선택할 때

サイズは どう なさいますか。

사이즈는 어떻게 해 드릴까요?

카페 직원이 음료 사이즈를 물을 때 쓰는 표현이에요. 사이즈는 카페마다 다른데, 스타벅스 같은 곳에는 トール(Tall), グランデ(Grande), ベンティ(Venti)가 있고, 대부분 카페에서는 S(ショート/スモール), M(ミディアム), L(ラージ)로 표기합니다. 가게마다 다르니 메뉴판을 보고 주문하세요.

A サイズは どう なさいますか。
사이즈는 어떻게 해 드릴까요?

B トールで ください。
톨로 주세요.

🗣️**단어** サイズ 사이즈 どう 어떻게 なさる 하시다

142

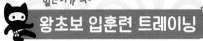
M 사이즈로요.

<ruby>エム<rt></rt></ruby>
Mサイズで。

음료 사이즈를 말할 때 S는 **エス**, M은 **エム**, L은 **エル**라고 해도 됩니다.

카페라떼 주세요.

カフェラテ ください。

프라푸치노와 카페모카 주세요.

フラペチーノと カフェモカを ください。

연하게 해 주세요.

薄目で お願いします。

'진하게'는 濃(こ)いめ라고 합니다.

가져갈 거예요.

持ち帰りです。

가게에서 마실 때는 店内(てんない)です 라고 해요.

Chapter 06 식사 및 음주　**143**

원샷은 안 해도 돼요

かんぱい
乾杯!

건배!

일본도 한국만큼이나 飲(の)み会(かい)(술자리 회식)를 자주 하는데요, 술자리에서 빠지지 않는 '건배'는 일본어로 乾杯(かんぱい)라고 합니다. 술과 관련된 표현으로는 飲(の)みすぎる(과음하다), 記憶(きおく)が 飛(と)ぶ(필름이 끊기다) 등이 있어요.

A プロジェクト 成功(せいこう)を 祝(いわ)って、乾杯(かんぱい)!
　　프로젝트 성공을 축하하며, 건배!

B 乾杯(かんぱい)!
　　건배!

🐷단어 　プロジェクト 프로젝트　成功(せいこう) 성공　祝(いわ)う 축하하다　乾杯(かんぱい) 건배

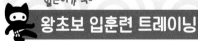
| 술 세네! | お<ruby>酒<rt>さけ</rt></ruby> <ruby>強<rt>つよ</rt></ruby>いね! |

> '술이 약하다'는 お酒(さけ)に 弱(よわ)い
> 라고 해요.

| 술은 거의 못 마셔요. | お<ruby>酒<rt>さけ</rt></ruby>は ほぼ <ruby>飲<rt>の</rt></ruby>めません。 |

▶ ほぼ 거의, 대부분, 대개

| 맥주가 좋아요. | ビールが <ruby>好<rt>す</rt></ruby>きです。 |

> ビール(맥주) 발음을 짧게 하면 '빌딩(ビル)'이
> 돼버리니 발음에 주의하세요.

| 안 취했어! | <ruby>酔<rt>よ</rt></ruby>ってない! |

▶ 酔(よ)う 취하다, 멀미하다

| 숙취는 힘들어! | <ruby>二日酔<rt>ふつか よ</rt></ruby>いは つらい! |

> '해장'은 酔(よ)い覚(ざ)まし, '해장국'은 酔(よ)い覚(ざ)
> ましスープ, '해장술'은 迎(むか)え酒(ざけ)라고 해요.

맥주 마시기 좋은 날

<ruby>一杯<rt>いっぱい</rt></ruby> どう?

한잔 어때?

무언가를 권할 때 가장 짧고 간단한 표현은 どう?(어때?)입니다. '한잔'을 뜻하는 一杯(いっぱい) 뒤에 どう?를 붙이면 '술 먹자'는 의미가 됩니다. 한편 一杯(いっぱい)에는 '가득'이라는 뜻도 있어서 「お腹(なか) いっぱい 食(た)べた。」라고 하면 '배불리 먹었다'라는 뜻이 됩니다.

A 軽(かる)く 一杯(いっぱい) どう?

가볍게 한잔 어때?

B いいね。行(い)こう!

좋지. 가자!

단어 軽(かる)い 가볍다 一杯(いっぱい) 한잔 いい 좋다 行(い)く 가다

점심 아직이죠?

お昼 まだですよね？

昼(ひる)는 '낮'이란 뜻인데 앞에 お를 붙이면 '점심밥'이란 뜻이 됩니다.

괜찮으면 같이 드시지 않을래요?

よかったら 一緒に 食べませんか。

~ませんか(~하지 않을래요?)는 제안・권유를 나타내요.

좋은 가게 알고 있어.

いい お店 知ってる。

▶ 말끝을 올려 말하면 묻는 표현이 됨

또 먹으러 가자.

また 食べに 行こう。

내일 시간 있어?
밥 먹으러 가자!

明日 空いてる？ ご飯、行こう！

▶ 空(あ)く 비다, 한가해지다, 짬이 나다

술 취했을 때

ここで 吐くなよ!

여기서 토하지 마!

'토하다'는 吐(は)く라고 합니다. 여기에 강한 부정 명령어인 な를 붙여 吐(は)くな!라고 하면 '토하지 마!'라는 뜻이 돼요. 속이 안 좋을 때는 「あ～、吐(は)きそう。」(아, 토할 것 같아.)라고 하거나 '구토', '자백'이란 뜻의 ゲロ를 써서 「あ～、ゲロが 出(で)そう。」(아, 토가 나올 것 같아.)라고 말하면 됩니다.

A あ～、なんか 気持ち悪い。

아~, 왠지 속이 안 좋아.

B ここで 吐くなよ!

여기서 토하지 마!

단어 気持(きも)ち悪(わる)い 속이 안 좋다, 기분 나쁘다　吐(は)く 토하다

아, 취했다.

あ〜、酔(よ)っちゃった。

▶ 〜ちゃった 〜해 버렸다(=〜てしまった)

쟤, 취했네.

あいつ、酔(よ)っぱらってる。

▶ 酔(よ)っぱらう 몹시 취하다

숙취 때문에 몸이 무거워.

二日酔(ふつかよ)いで 体(からだ)が 重(おも)い。

▶ 二日酔(ふつかよ)い 숙취

술이 약한 사람이네.

お酒(さけ)に 弱(よわ)い 人(ひと)だね。

술 때문에 필름이 끊겼어.

お酒(さけ)で 記憶(きおく)が 飛(と)んじゃった。

▶ 記憶(きおく)が 飛(と)ぶ 필름이 끊기다

사이좋게 나눠 내요

割り勘に しよう。
わ かん

더치페이로 하자.

여럿이서 식사를 마치고 계산할 때 요즘은 더치페이를 많이 하죠? 일본어로 '더치페이'는 割(わ)り勘(かん)이라고 해요. 「割(わ)り(나눔)+勘(かん)(계산)」이라는 의미입니다. 그래서 하나를 두 개로 나눠 쓰는 '나무젓가락'을 割(わ)り箸(ばし)라고 해요.

A ここは 私が おごります。
わたし

여기는 제가 낼게요.

B いいよ。割り勘に しよう。
わ かん

괜찮아. 더치페이로 하자.

🔵단어 おごる 한턱내다 いい 좋다, 괜찮다[사양의 의미] 割(わ)り勘(かん) 더치페이

왕초보 입훈련 트레이닝

🎧 MP3를 듣고 따라 해 보세요!

쏠게!

おごる！

▶ おごる 한턱내다

오늘은 내가 낼게.

今日は 私が 出すよ。
きょう　　わたし　　だ

▶ 出(だ)す 내다

반반씩 낼까?

半分ずつ 出し合おうか。
はん ぶん　　　だ　あ

▶ 出(だ)し合(あ)う 서로 내놓다

제 몫은 얼마예요?

私の分は いくらですか。
わたし ぶん

얻어먹기만 해서
미안하네.

おごって もらってばかりで
悪いな。
わる

悪(わる)い는 '나쁘다'라는 뜻 외에
'미안하다'라는 의미로도 써요.

かいもの

쇼핑하러 가자!
얼마예요?
이것보다도 긴 것 있나요?
빨간색이 좋아요.
리뷰를 보고 사자!
계산해 주세요.
금액이 안 맞는데요.
반품되나요?
따로따로 넣어 주세요.
이거 데워 드릴까요?

쇼핑 꿀팁
일본어

지름신 VS. 사까마까신

買_かい物_{もの}に 行_いこう!

쇼핑하러 가자!

일본어로 '쇼핑'은 買(か)い物(もの)라고 해요. 여기서 買(か)い는 동사 買(か)う(사다, 구매하다)에서 온 표현입니다. 혹은 영어 그대로 써서 ショッピング(쇼핑)라고 해도 돼요. 일본에 가면 コンビニ(편의점)나 スーパー(슈퍼), ドラッグストア(드러그스토어), デパート(백화점) 등에서 쇼핑을 즐길 수 있습니다.

A 何_{なに}してる? 買_かい物_{もの}に 行_いこう!

뭐 하고 있어? 쇼핑하러 가자!

B ごめん。今_{いま}は ちょっと……。

미안해. 지금은 좀….

🐷**단어** 買(か)い物(もの) 쇼핑 ごめん 미안해 今(いま) 지금 ちょっと 좀, 조금

154

폭풍 쇼핑하고 싶다.

爆^{ばく}買^がいしたい。

▶ 爆買(ばくがい) 폭풍 구매, 싹쓸이 쇼핑

이건 뭐예요?

これは 何^{なん}ですか。

그냥 보는 거예요.

ただ 見^みてるだけです。

입어 봐도 돼요?

試^し着^{ちゃく}しても いいですか。

着(き)て みても いいですかみ라고 해도 돼요.

엄청 많이 쇼핑했어.

いっぱい 買^かい物^{もの}した。

'충동구매'는 衝動買(しょうどうが)い라고
합니다.

가격을 물을 때

いくらですか。

얼마예요?

일본에서는 기본적으로 모든 상품에 가격표가 붙어 있습니다. 하지만 간혹 가격표가 누락된 경우도 있는데요, 그럴 땐 「いくらですか。」(얼마예요?)라고 물어보세요. いくら 대신 おいくら(얼마)를 써서 말하면 더 정중한 느낌을 줍니다. 만약 물건이 비싸다면 高(たか)い, 싸고 저렴하다면 安(やす)い라고 말하면 돼요.

A これは おいくらですか。
이건 얼마예요?

B セットで 1,200円です。
　　　　せんにひゃくえん
세트로 1,200엔입니다.

🔊 단어 セット 세트 ~円(えん) ~엔[일본 화폐 단위]

| 진짜 싸! | とても やすい！ |

| 좀 비싸네. | ちょっと 高^{たか}いな。 |

> 高(たか)い는 금액과 관련된 상황에서는 '비싸다',
> 높이 등과 관련된 상황에서는 '높다'라는 뜻이에요.

| 바가지잖아! | ぼったくりじゃん！ |

▶ ぼったくり 바가지 씌우기

| 이건 할인 상품인가요? | これは セール品^{ひん}ですか。 |

| 이걸로 할게요. | これに します。 |

▶ ～に する ～로 하다[결정할 때]

063

다른 것도 있는지 묻기

これよりも 長(なが)いの ありますか。

이것보다도 긴 것 있나요?

쇼핑시 「〜 ありますか」(〜 있나요?)라는 패턴으로 원하는 물건을 요청할 수 있습니다. 혹은 「〜を 探(さが)して いますが」(〜을 찾고 있는데요)라고 돌려 말할 수도 있습니다. 사려는 수량보다 진열품이 적다면 「〜 在庫(ざいこ) ありますか」(〜 재고 있나요?)라고 물어보세요.

A **すみません、これよりも 長(なが)いの ありますか。**
죄송한데요, 이것보다도 긴 것 있나요?

B **はい、あります。**
네, 있습니다.

단어 これ 이것 〜より 〜보다 長(なが)い 길다 ある 있다[사물・식물의 존재]

이 상품 있나요?

この 商^{しょう}品^{ひん} ありますか。

▶ 사진 등을 보여 주며 물을 때

새 제품 있어요?

新^{しん}品^{ぴん} ありますか。

'중고품'은 中古品(ちゅうこひん)이라고 해요.

남성용은 없나요?

男^{だん}性^{せい}用^{よう}は ありませんか。

'여성용'은 女性用(じょせいよう)라고 해요.

그걸 보여 주세요.

それを 見^みせて ください。

열 개 주세요.

10個^{じゅっ こ} ください。

▶ ～個(こ) ～개

원하는 사양을 말할 때

赤色が いいです。

빨간색이 좋아요.

다양한 색상 표현을 알고 있으면 훨씬 수월하게 쇼핑을 할 수 있겠죠? '빨갛다'는 赤(あか)い, '노랗다'는 黄色(きいろ)い, '까맣다'는 黒(く ろ)い, '하얗다'는 白(しろ)い라고 해요. 여기서 끝음 い를 떼면 赤(あ か)(빨강), 黄色(きいろ)(노랑), 黒(くろ)(검정), 白(しろ)(흰색)라는 명사가 되니 쇼핑할 때 써 보세요.

A こちらは いかがですか。
이쪽은 어떠세요?

B それも いいですね。でも 赤色が いいです。
그것도 괜찮네요. 하지만 빨간색이 좋아요.

🔖단어 こちら 이쪽 いかが 어떠함 それ 그것 でも 하지만 赤色(あかいろ) 빨간색

좀 작아요.	<ruby>少<rt>すこ</rt></ruby>し <ruby>小<rt>ちい</rt></ruby>さいです。

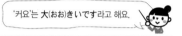

'커요'는 大(おお)きいです라고 해요.

딱 맞네요.	ピッタリですね。

사이즈가 안 맞아요.	サイズが <ruby>合<rt>あ</rt></ruby>いません。

다른 색은 없나요?	<ruby>他<rt>ほか</rt></ruby>の <ruby>色<rt>いろ</rt></ruby>は ありませんか。

지금 유행하고 있어요?	<ruby>今<rt>いま</rt></ruby> <ruby>流行<rt>はや</rt></ruby>って いますか。

▶ 流行(はや)る 유행하다

사면 50% 할인, 안 사면 100% 할인!

レビューを 見(み)て 買(か)おう!

리뷰를 보고 사자!

요즘은 쇼핑할 때 물건을 検索(けんさく)(검색)한 후 바로 구매하는 것이 아니라 상품의 レビュー(리뷰, 후기)를 보고 결정하는 경우가 많습니다. 그래서 사람들의 口(くち)コミ(입소문)가 매우 중요해요.

A この 掃除機(そうじき) 安(やす)い!

이 청소기 싸다!

B ちょっと 待(ま)って。レビューを 見(み)て 買(か)おう!

잠깐 기다려 봐. 리뷰를 보고 사자!

단어 掃除機(そうじき) 청소기 安(やす)い 싸다 待(ま)つ 기다리다 買(か)う 사다, 구매하다

인터넷 쇼핑으로 샀어.

通販(つうはん)で 買(か)った。

> 간단히는 ネットで 買(か)った(인터넷에서 샀어)라고 하면 돼요.

QR코드로도 검색할 수 있어.

スキャン検索(けんさく)も できる。

포인트도 쌓여!

ポイントも たまる！

▶ たまる 쌓이다, 모이다

배송비 무료입니다.

送料無料(そうりょうむりょう)です。

▶ 送料(そうりょう) 배송료

우편번호를 모르겠어!

郵便番号(ゆうびんばんごう)が 分(わ)からない！

> '~를 모른다'고 할 때는 조사 를 가 아니라 가를 써서 ~が 分(わ)からない라고 합니다.

계산할 때

お会計 お願いします。
かい けい　　ねが

계산해 주세요.

물건을 다 고르고 값을 치를 때 쓰는 말이에요. 会計(かいけい)는 한자 그대로 읽으면 '회계'이지만 일본어에서는 물건값을 지불하는 '계산'이란 뜻입니다. 뒤에 お願(ねが)いします(부탁합니다)를 덧붙이면 '계산해 주세요'라는 공손한 표현이 됩니다.

A すみません、お会計 お願いします。
かいけい　　ねが

여기요, 계산해 주세요.

B 千円に なります。
せんえん

천 엔입니다.

🗣️**단어** お会計(かいけい) 계산 お願(ねが)いします 부탁합니다 ～に なる ～이 되다

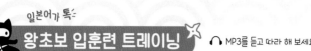

얼마 나왔어요?	おいくらに なりますか。

쿠폰 쓸 수 있나요?	クーポン 使_{つか}えますか。

クーポン 使^{つか}えますか。

면세 가능한가요?

免税^{めんぜい}できますか。

> 일본에서는 모든 물품에 소비세가 별도로 붙는데요,
> 税込^{ぜいこ}み(세금 포함) 가격을 보고 사면 편리합니다.

할부로 해 주세요.

分割払^{ぶんかつばら}いで。

> 뒤에 お願^{ねが}いします를 붙여 말해도 돼요.

영수증 주세요.

レシート ください。

> レシート(receipt)는 금전등록기로 찍은 '영수증'을 말하고, 비즈니스
> 거래에서 주고받는 '영수증'은 領収書^{りょうしゅうしょ}라고 합니다.

어? 계산이 안 맞네!

金額が 合いませんが。
きん がく　　あ

금액이 안 맞는데요.

금액이 맞지 않을 때 쓰는 표현으로, 金額(きんがく)는 '금액'이란 뜻 입니다. 合(あ)う는 '만나다'라는 뜻 외에 '일치하다, 맞다'라는 뜻으로 도 쓰여요. 계산(会計 かいけい)을 마친 뒤에는 꼭 영수증(レシート) 을 확인하세요.

A え? すみません、これ 金額が 合いませんが。
　　　　　　　　　　　　　　きんがく　　あ

　　어? 저기요, 이거 금액이 안 맞는데요.

B 申し訳 ございません。
　　もう わけ

　　대단히 죄송합니다.

🔵단어　金額(きんがく) 금액　合(あ)う 맞다, 일치하다

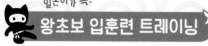

일본어가 **톡**
왕초보 입훈련 트레이닝 🎧 MP3를 듣고 따라 해 보세요!

이 금액은 뭔가요?

この 金額^{きんがく}は 何^{なん}ですか。

계산이 틀렸어요.

計算^{けいさん}が 間違^{まちが}ってます。

▶ 間違(まちが)う 틀리다, 잘못되다

할인이 적용되지 않았어요.

割引^{わりびき}が 適用^{てきよう}されてません。

거스름돈이 부족합니다.

お釣^つりが 足^たりません。

▶ お釣(つ)り 거스름돈 足(た)りる 충분하다, 족하다

거스름돈을 안 받았어요.

お釣^つりを もらってません。

주는 입장일 때는 '거스름돈'을 お返(かえ)し
라고 해요.

교환이나 반품을 할 때

へん ぴん
返品できますか。

반품되나요?

물건을 반품하고 싶을 때 쓰는 표현이에요. '반품'은 返品(へんぴん)
이라고 하고, 가능한지를 물을 때는 できますか(가능한가요?)를 덧붙
이면 됩니다. 한국과 마찬가지로 반품이나 교환(交換 こうかん)을 하
기 위해서는 반드시 영수증(レシート)을 지참해야 합니다.

へんぴん
A これ 返品できますか。
이거 반품되나요?

B レシートが あれば できます。
영수증이 있으면 됩니다.

단어 返品(へんぴん) 반품 できる 가능하다, 할 수 있다 レシート 영수증

168

일본어가 톡<
왕초보 입훈련 트레이닝 　∩ MP3를 듣고 따라 해 보세요!

교환하고 싶어요.	**交換**したいです。 こう かん
이건 불량품이에요.	これは **不良品**です。 ふ りょう ひん
지저분한 게 붙어 있어요.	**汚れ**が ついて います。 よご ▶ 汚(よご)れ 오염, 더러움　つく 묻다, 붙다
사이즈를 착각했어요.	サイズを **間違え**ました。 ま ちが ▶ 間違(まちが)える 착각하다, 잘못 알다
영수증 없이 반품할 수 있나요?	レシートなしで **返品**できますか。 へん ぴん

Chapter 07 쇼핑 꿀팁 일본어　**169**

여러 개를 샀을 때

別々に 入れて ください。
べつ べつ い

따로따로 넣어 주세요.

쇼핑시 물건을 따로 담아 달라고 할 때는 '따로따로'란 뜻의 別々(べつ べつ)를 기억하세요. 이 표현은 계산할 때에도 유용해서 계산대 앞에 서 「別々(べつべつ)で お願(ねが)いします。」(따로따로 부탁합니다)라 고 하면 개별적으로 계산해 줍니다.

A これは プレゼント用なので 別々に 入れて ください。
　　　　　　　よう　　　　　べつべつ　い
　이건 선물용이니까 따로따로 넣어 주세요.

B かしこまりました。
　알겠습니다.

🔊단어 プレゼント 선물　～用(よう) ～용　別々(べつべつ) 따로따로　入(い)れる 넣다

선물용으로 찾고 있어요.　　プレゼント用で 探して います。

▶ プレゼント 선물(present)

선물용으로 포장해 주세요.　　ギフト用に 包んで ください。

▶ ギフト 선물(gift)　包(つつ)む 싸다, 포장하다

리본을 달아 주세요.　　リボンを つけて ください。

▶ つける 달다, 붙이다

이건 봉투에 넣어 주세요.　　これは 袋に 入れて ください。

'비닐 봉투'는 レジ袋(ぶくろ)라고 해요.

하나로 합쳐 주세요.　　一つに まとめて ください。

▶ まとめる 한데 모으다, 합치다

편의점에서

こちら 温(あたた)めますか。

이거 데워 드릴까요?

일본 편의점(コンビニ)은 먹거리 천국답게 도시락을 비롯한 다양한 음식들이 진열되어 있어요. 때문에 편의점에서 음식을 사면 데워 줄지 물어보니 温(あたた)める(데우다)라는 표현을 기억해 두세요. 거절할 때는 「大丈夫(だいじょうぶ)です。(괜찮아요)라고 하면 됩니다.

A こちら 温(あたた)めますか。
이거 데워 드릴까요?

B はい、温(あたた)めて ください。
네, 데워 주세요.

단어 こちら 이쪽, 이것 温(あたた)める 데우다

포크 있나요?	フォーク ありますか。

이건 데워서 먹는 거예요? これは 温^{あたた}めて 食^たべますか。

젓가락은 필요하세요? お箸^{はし}は ご入用^{いりよう}ですか。

> 필요 없다면 結構(けっこう)です(괜찮습니다)라고 하면 돼요.

포인트 카드는 갖고 계신가요? ポイントカードは お持^もちですか。

> 'お+동사의 ます형+ですか'는 '~하십니까?'란 뜻의 존경 표현입니다.

봉투를 나눠 드릴까요? 袋^{ふくろ}を お分^わけしますか。

> 'お+동사의 ます형+する'는 '~하다'란 뜻인데, 자신의 행위에 대해 쓰는 겸양 표현입니다.

タイプ

사귀는 사람 있어요?
자상하고 재밌는 사람이 좋아.
이상형이 아니에요.
헌팅당했어.
만나고 싶어!
이제 됐어!
바람피웠지?
화해하자.
미안, 헤어지자.
부부 싸움 했어요.

Chapter 08

연애말고 결혼

고백할 때

付(つ)き合(あ)ってる 人(ひと)、いますか。

사귀는 사람 있어요?

좋아하는 사람에게 고백(告白 こくはく)할 때 다짜고짜 「付(つ)き合(あ)って ください。」(사귀어 주세요)라고 하는 것보다 사귀는 사람이 있는지 먼저 물어보는 게 호감도를 높일 수 있을 것 같아요. 참고로 付(つ)き合(あ)う는 '사귀다'란 뜻 외에 '행동을 함께하다, 동행하다'란 뜻으로도 자주 쓰이니 문맥 속에서 파악해 주세요.

A 付(つ)き合(あ)ってる 人(ひと)、いますか。
사귀는 사람 있어요?

B いません。
없어요.

단어 付(つ)き合(あ)う 사귀다, 교제하다 人(ひと) 사람 いる 있다[사람·동물의 존재]

176

좋았어! 고백해야지! よし！告白しよう！

첫눈에 반했습니다. 一目惚れしました。

▶ 一目惚(ひとめぼ)れ 한눈에 반함

좋아합니다. 여자친구가 好きです。彼女に なって
돼 주세요. ください。

'남자친구'는 彼氏(かれし)라고 해요.

어제 고백받았어. 昨日 告られた。

告白(こくはく)する(고백하다)를 줄여 告(こく)る라고
해요. 그래서 告(こく)られる 하면 '고백받다'가 돼요.

데이트합시다! デートしましょう！

072

이상형 말하기

優(やさ)しくて 面白(おもしろ)い 人(ひと)が 好(す)き。

자상하고 재밌는 사람이 좋아.

여러분의 이상형(タイプ)은 어떤 사람인가요? 아래 중에 있나요?

- 優(やさ)しくて 面白(おもしろ)い 人(ひと) 자상하고 재밌는 사람
- 責任感(せきにんかん)が ある 人(ひと) 책임감이 있는 사람
- 話(はなし)を 真剣(しんけん)に 聞(き)いて くれる 人(ひと)
  이야기를 진지하게 들어 주는 사람

A 好(す)きな タイプは?

좋아하는 이상형은?

B うん、やっぱり 優(やさ)しくて 面白(おもしろ)い 人(ひと)が 好(す)き。

음, 역시 자상하고 재밌는 사람이 좋아.

🗣단어 タイプ 이상형 やっぱり 역시 優(やさ)しい 다정하다 面白(おもしろ)い 재미있다

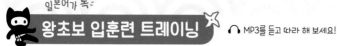
완전 제 이상형이에요.

すごく タイプです。

잘생긴 사람이 좋아요.

ハンサムな 人<small>ひと</small>が 好<small>す</small>きです。

> '잘생긴 사람'은 **イケメン**이라는 표현도 써요.

유머 있는 사람이네요.

ユーモアのある 人<small>ひと</small>ですね。

연상이 좋아요.

年上<small>としうえ</small>が 好<small>す</small>きです。

▶ 年上(としうえ) 연상 ['연하'는 年下(としした)라고 함]

마르고 적당히 근육 있는
사람!

細<small>ほそ</small>マッチョ！

> 細(ほそ)い(가늘다)＋マッチョ(마초)의 합성어예요.

고백 거절하기

タイプじゃないです。

이상형이 아니에요.

친구 이상으로 생각해 본 적이 없는 이성에게 고백을 받아 본 적이 있
나요? タイプじゃないです.(이상형이 아니에요)는 그럴 때 적절하게
거절하는 표현입니다. 이때의 じゃない는 ではない의 줄임말이에요.

A 僕と 付き合って ください！

저랑 사귀어 주세요!

B ごめんなさい。タイプじゃないです。

죄송합니다. 이상형이 아니에요.

단어 僕(ぼく) 나[남성 표현] 付(つ)き合(あ)う 사귀다. 교제하다

마음은 기쁘지만.

気持ちは 嬉しいけど。

좋아하는 사람이 있어요.

好きな 人が います。

일에 집중하고 싶어요.

仕事に 集中したいです。

사귈 수 없어요.

付き合えません。

친구로서 좋아해요.

友達として 好きです。

이름이 뭐예요? 전화번호 뭐예요?

ナンパされた。

헌팅당했어.

모르는 사람이 호감을 보이며 연락처를 물어오는 것을 한국에서는 '대시'라고 하는데 일본에서는 ナンパ(헌팅)라고 표현합니다. 대시를 하는 입장이면 「ナンパした。」(헌팅했어)라고 표현하고, 받은 입장이라면 「ナンパされた。」(헌팅당했어)라고 수동형으로 쓰면 돼요.

A また 昨日（きのう） ナンパされた。

어제 또 헌팅당했어.

B もしかして 自慢話（じまんばなし）？

혹시 자기 자랑?

🐷단어 また 또 昨日(きのう) 어제 もしかして 혹시, 어쩌면 自慢話(じまんばなし) 자기 자랑

182

커플이 되고 싶다.	カップルに なりたいな。

나에 대해 어떻게 생각해?	私のこと どう 思ってる?

미팅에서 만났어.	合コンで 知り合った。

일본어의 ミーティング(meeting)는 '회의'
란 뜻이니 주의하세요.

손 잡아도 돼?	手 つないでも いい?

▶ 手(て)(を) つなぐ 손(을) 잡다

밀당 같은 거 안 해.	駆け引きなんか しない。

▶ 駆(か)け引(ひ)き 흥정, 밀당 なんか 따위

애정 표현하기

^あ会いたいよ!

만나고 싶어!

会(あ)いたい는 꽁냥꽁냥 커플들이 자주 쓰는 표현으로, '만나고 싶다, 보고 싶다'라는 뜻입니다. '동사 ます형 + たい'는 '~하고 싶다'란 뜻이 됩니다. '만나다'란 뜻의 동사 会(あ)う의 대상을 나타내는 조사는 「君(きみ)に 会(あ)いたい!」(널 만나고 싶어!)처럼 를가 아니라 に를 쓰는 데 주의하세요.

A ^{いま}今 どこ? ^あ会いたいよ!

지금 어디야? 만나고 싶어!

B ^{いま}今 ^い行く!

지금 갈게!

🔖**단어** 今(いま) 지금 どこ 어디 会(あ)う 만나다 ~たい ~하고 싶다 行(い)く 가다

내일 만날까?

明日、会おうか。

세상에서 제일 좋아!

世界で 一番 好き!

▶ 一番(いちばん) 가장, 제일

사랑한다고 말해 줘!

愛してるって 言って くれ!

▶ ～って ～라고

같이 있고 싶어.

一緒に いたい。

꽉 안아 줘.

ぎゅっと して。

抱(だ)きしめて(안아 줘)라는 말도 많이 써요.

076

연인과 싸울 때

もう いい!

이제 됐어!

남녀가 사귀다 보면 싸울 때도 있죠? いい는 원래 '좋다'란 뜻인데, '괜찮다, 됐다'라는 거절의 뉘앙스도 가진 표현입니다. 그래서 싸움 중에 もう いい! 하면 '이제 됐어!', '이제 그만!'의 의미가 되는데, 화가 났을 때 쓰기도 하지만 어조에 따라 '체념, 항복, 타협'을 나타내기도 합니다.

A 嘘ついて ごめん。
거짓말해서 미안해.

B もう いい!
이제 됐어!

단어 嘘(うそ)つく 거짓말하다　ごめん 미안해　もう いい 이제 됐다

186

| 있잖아, 듣고 있어? | ね、聞いてる? |
| | ▶ 聞(き)く 듣다 |

| 말 걸지 마! | 話しかけないで！ |

~ないでと '~하지 마'라는 뜻으로 완곡한 금지를 나타내요.

| 또 그 얘기야? | また その 話? |

| 그냥 친구야. | ただの 友達だよ。 |
| | ▶ ただ 보통, 그냥 |

| 의심하는 거야? | 疑ってんの？ |

~ている(~하고 있다)는 회화에서 흔히 ~てる나 ~てん으로 축약해서 쓰입니다.

아무래도 수상해

<ruby>浮<rt>うわ</rt></ruby><ruby>気<rt>き</rt></ruby>したでしょう?

바람피웠지?

'바람피우다'는 浮気(うわき)する라고 합니다. でしょう는 '추측'을 나타내는 표현으로, '~겠죠', '~겠지'라는 뜻입니다. 그래서 浮気(うわき)したでしょう?라고 하면 '바람피웠지?'란 뜻이 됩니다. 바람피우다 들켰을 때는 バレる(들키다, 발각되다)를 써서 バレた!(들켰다!)라고 해요.

A この <ruby>写真<rt>しゃしん</rt></ruby> <ruby>何<rt>なに</rt></ruby>? <ruby>浮気<rt>うわき</rt></ruby>したでしょう?

이 사진 뭐야? 바람피웠지?

B いや、<ruby>違<rt>ちが</rt></ruby>うよ!

아냐, 그런 거 아니야!

🗣️**단어** 写真(しゃしん) 사진 浮気(うわき)する 바람피우다 違(ちが)う 다르다, 틀리다

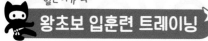
어쩐지 수상해. なんか あやしいな。

▶ あやしい 수상하다, 의심스럽다

미안해. 내가 잘못했어. ごめんなさい。僕が 悪かった。

僕(ぼく)는 '나'라는 뜻으로
남자들이 쓰는 말이에요.

화났어? 怒ってる?

'화 안 났어!'라고 할 때는 怒(おこ)ってない!
라고 해요.

꼴도 보기 싫어! 顔も 見たくない!

두 번 다시 만나고
싶지 않아. 二度と 会いたくない。

왕초보 탈출

078

내가 잘못했어

<ruby>仲<rt>なか</rt></ruby><ruby>直<rt>なお</rt></ruby>りしよう。

화해하자.

'화해하다'는 仲直(なかなお)りする인데, 「仲(なか)(사이)＋直(なお)り(고침, 바로잡음)＋する(하다)」(사이 고침을 하다)에서 '화해하다'란 뜻이 되었습니다. しよう는 する의 의지형으로 '하자'란 뜻입니다. 화해할 때는 ごめんね。(미안해)라는 사과의 말도 잊으면 안 되겠죠?

A やっぱり <ruby>仲直<rt>なかなお</rt></ruby>りしよう。

역시 화해하자.

B わかった。<ruby>私<rt>わたし</rt></ruby>も ごめんね。

알았어. 나도 미안해.

🐷**단어** やっぱり 역시 仲直(なかなお)り 화해 わかる 알다 ごめんね 미안해

어제는 말이 지나쳤어.

昨日は 言いすぎた。

▶ 言(い)いすぎる 말이 지나치다, 지나친 말을 하다

그럴 의도는 아니었어.

そういう つもりじゃなかった。

▶ つもり 의도, 작정

전부 제 탓이에요.

すべて 私のせいです。

▶ せい 탓

사과하고 싶어.

謝りたい。

▶ 謝(あやま)る 사과하다, 사죄하다

제발 용서해 줘.

どうか 許して。

▶ どうか 제발, 부디 許(ゆる)す 용서하다; 허락하다

아무래도 우린 안 맞는 거 같아

ごめん、別^{わか}れよう。

미안, 헤어지자.

'이별하다'는 別(わか)れる라고 하는데, る를 빼고 권유·의지의 조동사 よう를 붙이면 「別(わか)れよう。」(헤어지자)가 됩니다. 이외에도 別(わか)れる를 사용한 표현 중 자주 쓰이는 표현에는 「別(わか)れたくない。」(헤어지고 싶지 않아), 「昨日(きのう) 別(わか)れた。」(어제 헤어졌어) 등이 있습니다.

A ごめん、別^{わか}れよう。

미안, 헤어지자.

B 何^{なん}でだよ! 別^{わか}れたくない!

왜! 헤어지기 싫어!

🐻단어 別(わか)れる 헤어지다 何(なん)で 왜, 어째서 ~たくない ~하고 싶지 않다

이제 끝났어.

もう 終わった。

▶ もう 이제, 벌써, 곧

좀 거리를 두자.

ちょっと 距離を 置こう。

생각할 시간이 필요해.

考える 時間が ほしい。

▶ ~が ほしい ~을 원하다, 갖고 싶다

차였어.

ふられた。

'~에게 차였어'라고 할 때는 ~に ふられた
라고 조사 に를 써요.

버림받았어.

捨てられた。

부부 싸움은 개도 안 먹는다?!

<ruby>夫<rt>ふう</rt></ruby><ruby>婦<rt>ふ</rt></ruby><ruby>喧<rt>げん</rt></ruby><ruby>嘩<rt>か</rt></ruby>しました。

부부 싸움 했어요.

けんが...

'싸움'은 喧嘩(けんか)인데 '부부'란 뜻의 夫婦(ふうふ)를 붙여 夫婦喧嘩(ふうふげんか) 하면 '부부 싸움'이 됩니다. '부부 싸움은 칼로 물 베기'라고 하죠? 이 말을 일본어로는 「夫婦喧嘩(ふうふげんか)는 犬(いぬ)も 食(く)わない。」(부부 싸움은 개도 안 먹는다)라고 해요. 참고로 '말싸움'은 口(입 구)를 붙여 口喧嘩(くちげんか)라고 합니다.

A なんか 元気(げんき)ないですね。

왠지 기운 없어 보이네요.

B 夫婦喧嘩(ふうふげんか)しました。

부부 싸움 했어요.

🐾단어 元気(げんき) 기운, 기력 ない 없다 夫婦喧嘩(ふうふげんか) 부부 싸움

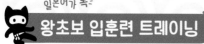

결혼해서 다행이야.

けっ こん よ
結婚して 良かった。

맞벌이예요.

とも ばたら
共働きです。

▶ 共働(ともばたら)き 맞벌이

신혼 부부시네요.

しん こん
新婚さんですね。

新婚(しんこん)さん은 신혼 부부에게 사용하는 호칭이에요.

아기가 태어났어요.

あか う
赤ちゃんが 生まれました。

집안일은 괴로워.

か じ
家事は つらい。

집안일 중에 '청소'는 **掃除(そうじ)**, '빨래'는 **洗濯(せんたく)**, '요리'는 **料理(りょうり)**라고 합니다.

출석을 부르겠습니다.
성적이 올랐어!
학점이 모자라!
자리에 없습니다.
종이가 걸렸어요.
퇴근해도 좋아.
오늘도 야근이야.
월급날 아직인가.
토요일은 어렵습니다.
자네는 해고야!

학교 및 회사

Chapter 09

자, 자, 수업 시작한다고~

出席を 取ります。
<ruby>しゅっ せき</ruby> <ruby>と</ruby>

출석을 부르겠습니다.

'출석을 부르다'는 일본어로 「出席(しゅっせき)를 取(と)る」라고 합니다. 한국에서는 가나다 순으로, 일본에서는 히라가나 순으로 출석부 (出席簿 しゅっせきぼ)를 작성합니다. 그래서 확률적으로 아로 시작하는 아오키(青木 あおき)가 출석번호 1번이나 2번이 되고, 와타나베 (渡辺 わたなべ)가 마지막 번호쯤 됩니다.

A では、出席を 取ります。青木宏!
しゅっせき と あお き ひろし
　　그럼, 출석을 부르겠습니다. 아오키 히로시!

B はい!
　　네!

🐷**단어** 出席(しゅっせき)를 取(と)る 출석을 부르다　はい 네

조용히 하세요.	^{しず} 静かに して ください。

> 가볍게 명령할 때는 ください를 생략하고
말해도 돼요.

자리에 앉아 주세요.	^{せき} ^つ 席に 着いて ください。

▶ 席(せき)に 着(つ)く 자리에 앉다 [= 着席(ちゃくせき)する 착석하다]

알겠어요?	^わ 分かりますか。

> '알다'에는 分(わ)かる와 知(し)る가 있는데 分(わ)かる는
'이해하다', 知(し)る는 '지식으로 안다'는 뉘앙스예요.

질문 있나요?	^{しつ もん} 質問 ありますか。

여기 시험에 낼 거니까.	^だ ここ テスト 出すから。

▶ 出(だ)す 내다, 내밀다

나 좀 천재?!

成績が 上がった！

せいせき　　　あ

성적이 올랐어!

'성적'은 成績(せいせき), '오르다'는 上(あ)がる라고 합니다. 친구가 「成績(せいせき)が 上(あ)がった！」(성적이 올랐어!)라며 좋아하면 함께 기뻐해 줍시다. 참고로 '시험'은 試験(しけん)이라고도 하고, テスト(test)라고도 합니다.

A 成績が 上がった！
せいせき　　あ

성적이 올랐어!

B すごい。頑張ったね！
がん　ば

대단하네. 열심히 했구나!

단어 成績(せいせき) 성적　上(あ)がる 오르다　すごい 대단하다　頑張(がんば)る 열심히 하다

공부 안 했어.
<ruby>勉強<rt>べんきょう</rt></ruby>してない。

벼락치기밖에 없어.
<ruby>一夜漬<rt>いちやづ</rt></ruby>けしか ない。

▶ 一夜漬(いちやづ)け 벼락치기[一夜(いちや)가 '하룻밤'이란 뜻]

시험 끝났다!
<ruby>試験<rt>しけん</rt></ruby> <ruby>終<rt>お</rt></ruby>わった！

시험 어려웠어.
テスト <ruby>難<rt>むずか</rt></ruby>しかった。

'쉬웠다'는 やさしかった라고 해요.

합격했어요!
<ruby>合格<rt>ごうかく</rt></ruby>しました！

왕초보 탈출

083

졸업할 수 있을까

単位が 足りない!

학점이 모자라!

졸업(卒業 そつぎょう)을 하려면 일정한 학점을 따야 하죠? '학점'은
일본어로 単位(たんい), '학점을 따다'는 「単位(たんい)を 取(と)る」라
고 합니다. 足(た)りない는 '부족하다, 모자라다'란 뜻입니다.

A 単位が 足りない!

학점이 모자라!

B それ やばいじゃん! 卒業できないよ!

그거 큰일이잖아! 졸업 못 할 거야!

단어 単位(たんい) 학점 足(た)りない 부족하다 やばい 위험하다, 위태롭다 卒業(そつぎょう) 졸업

202

일본어가 톡

왕초보 입훈련 트레이닝

🎧 MP3를 듣고 따라 해 보세요!

학교는 어때요?

がっ こう
学校は どうですか。

전공은 심리학이에요.

せん こう　　　しん り がく
専攻は 心理学です。

내년에 졸업해요.

らい ねん　　　　そつ ぎょう
来年、卒業します。

'입학'은 入学(にゅうがく)라고 해요.

졸업하면 어떻게 할 거야?

そつ ぎょう
卒業したら どう する?

학점이 모자라서
졸업 못 해!

たん い　　　 た　　　　　　 そつ ぎょう
**単位が 足りなくて 卒業
できない!**

동료가 자리를 비웠을 때

席を 外して おります。
せき　　はず

자리에 없습니다.

비즈니스 일본어는 일상회화보다 공손하게 말해야 합니다. 거래처에서 담당자를 찾는데 마침 자리에 없다면 「今(いま)、いません。」(지금 없어요)이라고 하지 말고 꼭 「只今(ただいま) 席(せき)を 外(はず)して おります。」(지금 자리에 없습니다)라고 경어로 응대해 주세요.

A 田中部長は いらっしゃいますか。
　　た なか ぶ ちょう

다나카 부장님 계신가요?

B 申し訳 ございません。只今 席を 外して おります。
　　もう わけ　　　　　　　　　 ただいま せき　　はず

대단히 죄송합니다. 지금 자리에 없습니다.

🗣️단어　部長(ぶちょう) 부장　いらっしゃる 계시다　席(せき)を 外(はず)す 자리를 비우다

204

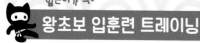

수고하십니다.
영업부의 기무라입니다.

お疲れ様です。営業の木村
です。

▶ 내선 전화를 받을 때

늘 신세 지고 있습니다.

いつも お世話に なって
おります。

진심으로 사죄드립니다.

心から お詫び申し上げます。

'~로부터'라는 표현을 편지처럼 글로 쓸 때는
から 대신 より를 씁니다.

전화 달라고 전해 주세요.

電話を くれるよう お伝え
ください。

나중에 전화드리겠습니다.

後ほど、お電話差し上げます。

▶ 後(のち)ほど 나중에 [あとで보다 공손한 표현] 差(さ)し上(あ)げる 드리다

복사기에 문제가 생겼을 때

用紙が 詰まって います。
ようし   つ

종이가 걸렸어요.

동사 詰(つ)まる는 '막히다, 걸리다'라는 뜻으로, 종이가 걸린 것 외에도 「息(いき)が 詰(つ)まる」(숨이 막히다), 「鼻(はな)が 詰(つ)まる」(코가 막히다) 등에 사용됩니다. 사무기기와 관련된 유용한 표현을 알아볼까요? '복사하다'는 コピーする, '프린트하다'는 プリントする, '팩스를 보내다'는 ファックスを 送(おく)る라고 합니다.

A 用紙が 詰まって います。
ようし   つ

종이가 걸렸어요.

B またかよ!

또야?

🔴단어 用紙(ようし) 용지, 종이 詰(つ)まる 막히다 また 또, 다시

복사해 줄래?	**コピーして くれる？**

'복사'를 뜻하는 copy는 **コピー**, '커피(coffee)'는 **コーヒー**예요.

복사기가 고장 났어요.	**コピー機が 壊れました。**

▶ 壊(こわ)れる 고장 나다

인쇄가 안 돼요.	**印刷できません。**

▶ 印刷(いんさつ)する 인쇄하다

종이가 없어요.	**用紙が ありません。**

프린터 잉크가 떨어졌는데요.	**プリンターの インクが 切れたんですが。**

▶ 切(き)れる 떨어지다, 다 되다

우리 부장님 최고!

帰^{かえ}っても いいよ。

퇴근해도 좋아.

'퇴근하다'는 退社(たいしゃ)する나 退勤(たいきん)する라는 표현도 있지만, 일상 회화에서는 帰(かえ)る를 많이 씁니다. 帰(かえ)る를 '돌아가다'란 뜻으로만 아셨다면 '퇴근하다'란 뜻도 꼭 기억해 주세요. 퇴근할 때는 「お疲(つか)れ様(さま)でした。」(수고하셨습니다)나 「お先(さき)に 失礼(しつれい)します。」(먼저 실례할게요)라고 인사하세요.

A 仕事^{しごと} 終^おわったら、帰^{かえ}っても いいよ。
일 끝났으면 퇴근해도 좋아.

B 仕事^{しごと}が 減^へらないです。
일이 줄지를 않아요.

단어 仕事(しごと) 일 終(お)わる 끝나다 帰(かえ)る 돌아가다, 퇴근하다 減(へ)る 줄다

208

아, 피곤해!

あ、疲れた！

벌써 시간이 이렇게 됐나.

もう こんな 時間か。

오늘은 여기까지 하지.

今日は ここまでに しよう。

현지 퇴근하겠습니다.

直帰します。

▶ 直帰(ちょっき) 현지 퇴근

그럼, 수고하셨습니다.

では、お疲れ様でした。

아랫사람이 윗사람에게 쓰는 표현이에요. 아랫사람에게 수고
했다고 할 때는 ご苦労様(くろうさま)です라고 해요.

칼퇴하고 싶다!

今日も 残業だ。
きょう　　ざん ぎょう

오늘도 야근이야.

'야근'은 일본어로 残業(ざんぎょう), 즉 '잔업'이라고 합니다. 일본어의 夜勤(やきん)은 교대 근무제에서 '야간 근무'를 의미하니 주의하세요. 참고로 일본은 택시비(タクシー代(だい))가 비싸서 지하철 등의 막차 시간이 임박하면 한바탕 귀가 전쟁을 치르기도 한답니다.

A いつ 帰って くる?
　　　かえ

언제 집에 와?

B 今日も 残業だ。
　　　きょう　　ざんぎょう

오늘도 야근이야.

단어 帰(かえ)る 돌아가다, 돌아오다 　残業(ざんぎょう) 잔업, 야근

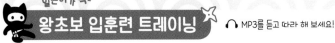
일이 안 끝나.   仕事が 終わらない。

잔업 너무 많아!   残業 多すぎ！

정시인데도
퇴근할 수가 없어.   定時なのに 帰れない。

▶ 帰(かえ)れる 돌아갈 수 있다, 퇴근할 수 있다[帰(かえ)る의 가능형]

오늘도 밤샘이야.   今日も 徹夜だ。

막차 몇 시지?   終電 何時？

▶ 終電(しゅうでん) 마지막 전철

給料日 まだかな。

월급님이 로그아웃하셨습니다

きゅうりょうび

월급날 아직인가.

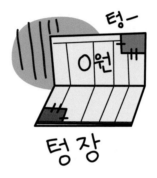

통장을 스치고 지나가는 그대 이름은 '월급'! 한국에서는 '월급'이라고 하고 일본에서는 給料(きゅうりょう), 즉 '급료'라고 해요. 또 한국에서는 '쥐꼬리만한 월급'이라고 표현하는데 일본에서는 「雀(すずめ)の 涙(なみだ)ほどの 給料(きゅうりょう)」, 즉 '참새 눈물만큼의 월급'이라고 합니다. 표현 방식은 달라도 두 나라 직장인들의 애환은 똑같네요.

A 給料日 まだかな。買いたい ものが あるのに。
きゅうりょうび　　　　　　　　か

월급날 아직인가. 사고 싶은 게 있는데.

B 何が 買いたいの？
なに　　か

뭘 사고 싶은데?

단어 給料日(きゅうりょうび) 월급날　まだ 아직　買(か)う 사다　~たい ~하고 싶다

일본어가 톡 왕초보 입훈련 트레이닝

🎧 MP3를 듣고 따라 해 보세요!

쉬고 싶다.

休<ruby>やす</ruby>みたい。

▶ 休(やす)む 쉬다

이직할까?

転職<ruby>てんしょく</ruby>しようか。

우리는 '이직(移職)'이라고 하는데, 일본어는 한자를 '전직(転職)'을 씁니다.

월급 너무 적어!

給料<ruby>きゅうりょう</ruby> 低<ruby>ひく</ruby>すぎ！

低(ひく)い는 '낮다'란 뜻 외에도 '적다', '크지 않다'란 의미로 쓰여요.

일하러 가기 싫어.

仕事<ruby>しごと</ruby> 行<ruby>い</ruby>きたくない。

보람 따위 필요 없어.

やりがいとか 要<ruby>い</ruby>らない。

▶ やりがい 보람　要(い)る 필요하다

일정을 조정할 때

土曜日は 難しいです。
토요일은 어렵습니다.

아르바이트(バイト)나 업무상 만남, 친구와의 약속 등에서 일정을 조정할 때 쓸 수 있는 표현이에요. 難(むずか)しい는 '어렵다, 곤란하다'란 뜻의 い형용사입니다. 참고로 일본은 교통비가 비싸기 때문에 아르바이트에도 보통 교통비가 지급된다고 합니다.

A 週末 出勤 できますか。
주말 출근 가능합니까?

B 土曜日は 難しいです。
토요일은 어렵습니다.

🔊**단어** 週末(しゅうまつ) 주말 出勤(しゅっきん) 출근 土曜日(どようび) 토요일

일주일에 며칠 일할 수
있어요?

しゅう　なんにち　はたら
週に 何日 働けますか。

▶ 週(しゅう)に 일주일에, 주에　働(はたら)ける 일할 수 있다

다음 주부터 일할 수
있어요.

らい しゅう　　　　はたら
来週から 働けます。

집에서 걸어서 10분
이에요.

いえ　　　ある　　　じゅっ ぷん
家から 歩いて 10分です。

歩(ある)いて(걸어서) 대신 徒歩(とほ)で(도보로)를
써도 같은 뜻입니다.

교통비는 지급되나요?

こう つう ひ　　　し きゅう
交通費は 支給されますか。

자전거 주차장은 있나요?

ちゅう りんじょう
駐輪場は ありますか。

일본은 자전거 이용률이 높아서 어딜 가나 駐輪場
(ちゅうりんじょう)(자전거 주차장)가 있어요.

<미생>의 한 장면인가!

お前は 首だ!
<small>まえ</small> <small>くび</small>

자네는 해고야!

해고당하는 상황을 흔히 '모가지'에 빗대 표현하는데, 이는 일본어도 비슷합니다. 首(くび)는 '목'이란 뜻인데 '해고'란 뜻도 있어 「首(くび)に なる」 하면 '해고당하다'란 뜻이 됩니다. 월급에는 상사의 잔소리값도 포함돼 있다고 하네요. 여러분, 「今日(きょう)も 一日(いちにち)がんばりましょう!」(오늘 하루도 힘내세요!)

A お前は 首だ!
<small>まえ</small> <small>くび</small>

자네는 해고야!

B いいよ。やめて やる!

좋아. 그만둬 주지!

🐕단어　お前(まえ) 너, 자네[남성 표현]　首(くび) 목, 해고　やめる 그만두다

왜 못 하는 거야?

なんで できないの？

なんでは '왜, 어째서'라는 이유를 묻는 표현이에요.
なぜ, どうして와 같은 뜻이에요.

전에도 말했지.

前<small>まえ</small>にも 言<small>い</small>ったよね。

상식이잖아.

常識<small>じょうしき</small>だろう？

그만둬 주면 좋겠네.

辞<small>や</small>めて ほしい。

~て ほしい는 내가 상대방에게 원하는 행동을
말할 때 씁니다.

내일부터 안 와도 되네.

明日<small>あした</small>から 来<small>こ</small>なくて いい。

ググれよ

구글링해 봐!
인터넷에서 찾았어.
팔로우해 주세요.
읽고 씹지 마!
스마트폰 샀어!
케이스 귀엽네!
댓글 엄청 많아!
광고 스킵이 안 돼!
진심으로!
마요네즈 덕후

Chapter 10

인터넷 ·
스마트폰 · 유행어

왕초보 탈출
091

인터넷 검색할 때

ググれよ!

구글링해 봐!

ググる는 '구글'을 뜻하는 グーグル(Google)에 동사형 어미 る를 합성한 신조어로 '구글에서 검색하다, 인터넷에서 찾아보다'란 뜻입니다. 위표현은 검색(検索 けんさく)하면 될 것을 일단 묻고 보는 사람에게 하는 말이에요. 앞에 せめて(적어도)를 붙여서 「せめて 自分(じぶん)で ググれよ!」(적어도 스스로 구글링해 봐!)라고 하면 어조가 더 강해져요.

A これは 英語^{えいご}で 何^{なん}て 言^いいますか。

이건 영어로 뭐라고 해요?

B それくらい 自分^{じぶん}で ググれよ!

그 정도는 스스로 구글링해 봐!

🗣️**단어** 英語(えいご) 영어 何(なん)て 뭐라고 言(いう 말하다 自分(じぶん)で 스스로, 직접

뉴스 봤어?

ニュース 見^みた?

인터넷에서 화제야.

ネットで 話題^{わ だい}に なったよ。

▶ ネット 인터넷[インターネット의 줄임말]

SNS에서 논란!

^{エスエヌエス}SNSで 炎上^{えん じょう}！

> 炎上(えんじょう)는 인터넷상에서 논란이 되어
> 악플이 쏟아지는 것을 말합니다.

Wi-Fi 연결이 안 돼.

^{ワイ ファイ}Wi-Fiが つながらない。

▶ つながる 연결되다, 붙어 있다

로그인이 안 돼!

ログイン できない！

> '로그아웃'은 ログアウト라고 해요.

인터넷 관련 표현

ネットで 調べた。
しら

인터넷에서 찾았어.

정보의 출처를 말할 때 찾은 정보라면 「〜で 調(しら)べた」(〜에서 찾았어), 「〜で 検索(けんさく)した」(〜에서 검색했어)라고 합니다. 다른 사람에게 들었거나 책에서 본 정보일 때는 「〜から 聞(き)いた」(〜한테 들었어), 「〜で 見(み)た」(〜에서 봤어)라고 하면 돼요. '인터넷'은 インターネット 또는 줄여서 ネット라고 합니다.

A おいしい! どうやって この店 見つけたの？
みせ み

맛있다! 이 가게 어떻게 찾았어?

B ネットで 調べた。
しら

인터넷에서 찾았어.

단어 どうやって 어떻게 店(みせ) 가게 見(み)つける 발견하다 調(しら)べる 조사하다, 찾다

검색이 안 돼.

検_{けん}索_{さく}できない。

検索(けんさく)できない。

인터넷에서 유명해졌어.

ネットで 有_{ゆう}名_{めい}に なった。

바이러스에 감염됐어요.

ウイルスに 感_{かん}染_{せん}しました。

▶ ウイルス 바이러스(virus) 感染(かんせん) 감염

지금 파일 보낼게요.

今_{いま}から ファイル 送_{おく}ります。

> 送(おく)ります 대신 添付(てんぷ)します
> (첨부하겠습니다)라고 해도 돼요.

메일 확인해 주세요.

メール 確_{かく}認_{にん}して ください。

> 참고로 '메일 주소'는 メールアドレス,
> 또는 줄여서 メアド라고 해요.

SNS에서 친구 요청하기

フォローして ください。

팔로우해 주세요.

트위터(ツイッター), 유튜브(ユーチューブ), 페이스북(フェース
ブック), 인스타그램(インスタグラム) 등 SNS(エスエヌエス)에서 소
식을 받는 것을 팔로우(follow)한다고 하죠? 이를 일본어로는 フォロ
ー라고 합니다. 여러분, 만약 アカウント(계정)가 있다면 저를「フォ
ローして ください!」(팔로우해 주세요!)

A これが 私の アカウントです。フォローして ください。

이게 제 계정이에요. 팔로우해 주세요.

B オッケー!

오케이!

🗂️**단어** アカウント 계정, 어카운트　フォロー 팔로우　オッケー 오케이(OK)

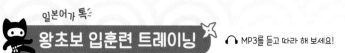

일본어가 톡!
왕초보 입훈련 트레이닝

🎧 MP3를 듣고 따라 해 보세요!

'좋아요' 버튼 눌러 줘!

「いいね」ボタン 押_おして！

비밀번호 잊어버렸어.

暗証番号_{あんしょうばんごう} 忘_{わす}れた。

> 금융 거래시의 '비밀번호'는 暗証番号(あんしょうばんごう), 홈페이지 등의 로그인용 '비밀번호'는 パスワード라고 해요.

비공개 계정 들켰어.

裏_{うら}アカ バレちゃった。

▶ 裏(うら)アカ 비공개 계정[裏(うら)(뒤) + アカウント(계정)의 합성어]

보기만 하는 쪽이에요.

見_みる 派_はです。

> SNS를 하지는 않고 보기만 한다는 의미입니다. 비교 대상 중 어느 쪽이 취향인지 말할 때 ~派(は)(~파)라고 합니다.

차단당했어.

ブロックされた。

▶ ブロックする 차단하다

메시지에 답이 없을 때

既読スルー しないで！

きどく

읽고 씹지 마!

既読(きどく)スルーは 메시지를 읽고도 답장(返信 へんしん)하지 않고 무시하는 '읽씹(읽고 씹음)'을 뜻하는 일본어예요. 既読(きどく)는 '이미 읽음, 읽음 표시'란 뜻이고, スルー는 영어 through로 '무시하다'란 뜻입니다. 既読(きどく)スルー는 줄여서 KS(ケーエス)라고도 합니다. 참고로 아예 안 읽는 것은 味読(みどく)スルー라고 해요.

A 既読スルー しないで！

きどく

읽고 씹지 마!

B あ！返信するの 忘れてた。

へんしん　　　　　　わす

아! 답장하는 거 까먹고 있었어.

🗝️**단어** 既読(きどく) 이미 읽음 スルー 무시하다 返信(へんしん) 답장 忘(わす)れる 잊다

226

재밌는 이모티콘이네.

面白い 絵文字だ!
おも しろ　　え　も　じ

메신저 등의 이모티콘은 **スタンプ**라고 합니다.

셀카랑 다르네.

自撮りと 違うね。
じ　ど　　　　　　ちが

'셀카 사진'은 **自撮**(じど)り**写真**(しゃしん), '셀카봉'은 **自撮**(じど)り**棒**(ぼう)라고 해요.

답장이 늦어!

返信が 遅い!
へん しん　　　おそ

친추(친구 추가)할게요.

友達 追加します。
とも だち　つい　か

송신이 안 돼.

送信できない。
そう しん

'송신'은 **送信**(そうしん), '발신'은 **発信**(はっしん), '착신'은 **着信**(ちゃくしん), '수신'은 **受信**(じゅしん)이라고 합니다.

새 스마트폰을 샀을 때

スマホ 賞った！

스마트폰 샀어!

'스마트폰'은 スマートフォン이라고 하는데, 보통 줄여서 スマホ라고 합니다. スマホ 외에도 일본어에는 줄임말들이 꽤 많은데요, 가령 デジタルカメラ(디지털카메라)는 デジカメ, アニメーション(애니메이션)은 アニメ, オペレーション(수술)은 オペ라고 줄여 말합니다.

A 新しい スマホ 賞った！

새 스마트폰 샀어!

B おしゃれ～。

멋지다～.

🐤단어 新(あたら)しい 새롭다 スマホ 스마트폰 賞(か)う 사다 おしゃれ 멋을 냄, 멋쟁이

용량이 부족해.

容量(ようりょう)が 足(た)りない。

> 足(た)りない는 '부족하다'란 뜻으로,
> 不足(ふそく)している라고도 합니다.

충전이 안 돼.

充電(じゅうでん)が できない。

배터리가 금방 닳아.

バッテリーが すぐ なくなる。

> 비슷한 의미로 充電(じゅうでん)が 切(き)れる
> (배터리가 나가다)라는 표현도 써요.

액정이 깨졌어.

画面(がめん)が 割(わ)れちゃった。

▶ 画面(がめん) (액정)화면 割(わ)れる 깨지다

보조 배터리 깜빡하고 왔어.

モバイルバッテリー 忘(わす)れて きた。

▶ モバイルバッテリー (휴대폰 등의) 보조 배터리

신상 폰케이스로 기분전환

ケース かわいいね!

케이스 귀엽네!

신상 스마트폰(スマホ)이 갖고 싶지만 당장 바꿀 수 없을 때, 케이스 (ケース)만 바꿔도 기분전환이 돼요. 일본인 친구를 만났을 때 핸드폰 케이스에 대해 언급하며 분위기를 띄우는 것도 유용해요. 「素敵(すてき)な ケースですね。」(케이스가 멋지네요)나 「かわいい ケースですね。」(케이스가 귀엽네요)라는 말로 대화를 시작해 보세요.

A ケース かわいいね!

케이스 귀엽네!

B ちょっと 高_{たか}いけど、かわいいから 買_かっちゃった。

좀 비싸긴 한데 귀여워서 사버렸어.

단어 ケース 케이스　かわいい 귀엽다　高(たか)い 비싸다　買(か)う 사다

| 이어폰 줄이 엉켰어. | イヤホンの コードが 絡_{から}まった。 |

▶ 絡(から)まる 얽히다, 휘감기다

| 게임 앱이 많아요. | ゲームアプリが 多_{おお}いです。 |

▶ アプリ 앱[アプリケーション(어플리케이션)의 줄임말]

| 길게 누르면 나와. | 長_{なが}押_おしすると 出_でて くる。 |

▶ 長押(ながお)し 길게 누름

| 보호 필름을 붙였어. | 保_ほ護_ごフィルムを 貼_はった。 |

▶ 貼(は)る 붙이다

| 스마트폰 고장 났어. | スマホ 壊_{こわ}れちゃった。 |

피처폰이라 불리는 구형 휴대폰은 ガラケー
라고 해요.

댓글이 많을 때

コメント 多^{おお}すぎ!

댓글 엄청 많아!

요즘은 TV(テレビ)보다 인터넷 동영상(動画 どうが)을 훨씬 더 즐겨 보는 추세인데요, 이때 하단에 달리는 '댓글'을 コメント라고 합니다. 그중에서도 '맨 처음 달린 댓글'은 はやい(빠르다)와 コメント(댓글)를 합쳐서 はやコメ 또는 いちコメ(1등 코멘트)라고 해요.

A　うわ!この 動画^{どう が} コメント 多^{おお}すぎ!
　　왜! 이 동영상 댓글 엄청 많아!

B　これ めっちゃ 面白^{おもしろ}いから。
　　이거 진짜 재밌거든.

🗨️단어　動画(どうが) 동영상　コメント 댓글　めっちゃ 아주, 매우　面白(おもしろ)い 재미있다

232

제일 빠른 댓글!

はやコメ！

▶ 早(はや)い(빠르다) + コメント(댓글)의 합성어

1등 댓글!

いちコメ！

▶ 一番乗(いちばんの)り(맨 먼저 들어감) + コメント(댓글)의 합성어

악플이 달렸어.

<ruby>悪質<rt>あくしつ</rt></ruby>な コメントが ついた。

섬네일이 재밌어!

サムネが <ruby>面白<rt>おも しろ</rt></ruby>い！

▶ サムネ 섬네일 [サムネイル의 줄임말]

ASMR을 듣고 있어요.

<ruby>音<rt>おと</rt></ruby>フェチを <ruby>聞<rt>き</rt></ruby>いて います。

> 뇌를 자극해 심리적인 안정을 유도하는 ASMR
> 을 일본어로는 音(おと)フェチ라고 합니다.

동영상의 광고 스킵이 안 될 때

広告スキップ できない!
こう こく

광고 스킵이 안 돼!

요즘 인터넷 동영상(動画 どうが)들을 보려면 영상 앞에 늘 광고(広告 こうこく)가 붙습니다. 5초는 기다릴 수 있지만 가끔 30초 이상 건너 뛰기(Skip 스킵)가 안 될 때는 참 지겹고 지루하죠? 그래도 재미난 영상을 보려면 어쩔 도리가 없으니 눈 딱 감고 기다려 줍시다.

A 広告スキップ できない!
こうこく
광고 스킵이 안 돼!

B この 時間が 一番 だるいですね。
じ かん いちばん
이 시간이 제일 지겹죠.

🔖**단어** 広告(こうこく) 광고　スキップ 스킵(skip)　一番(いちばん) 가장, 제일　だるい 지겹다

재밌는 동영상이네요.

面白い 動画ですね。
おも しろ　　どう が

▶ 動画(どうが) 동영상

영상 업로드 감사합니다.

動画アップ ありがとう ございます。
どう が

'업로드'는 アップロード를 줄여서 アップ라고 흔히 쓰고, '다운로드'는 ダウンロード라고 합니다.

계속 쭉 해 주세요.

ずっと やって ください。

상황극을 잘하네!

寸劇が うまい！
すん げき

▶ うまい 솜씨가 뛰어나다, 잘하다

채널 구독했어요.

チャンネル登録しました。
とう ろく

한국에서는 '구독'이라고 하지만 일본에서는 登録(とうろく)(등록)라고 해요.

유행어 표현①

ガチで！

진심으로!

요즘 일본의 젊은 세대들이 가장 많이 쓰는 말이 ガチ랍니다. 「本当(ほんとう)？」(정말?)보다 더 진심이 담긴 표현으로, 우리말로 치면 '진짜, 레알, 진심' 정도의 뜻입니다. 흔히 ガチで(진심으로, 정말로)의 형태로 쓰이며, 장난이 아니라 진심으로 말하고 있음을 강조합니다.

A それ 本気で 言ってるの？

그거 진심으로 하는 말이야?

B ガチで！

진심으로!

🐱**단어** 本気(ほんき) 진심 言(い)う 말하다

웨이트 트레이닝을 하고
있어요.

<ruby>筋<rt>きん</rt></ruby>トレを やって います。

▶ 筋肉(きんにく)(근육)＋トレーニング(트레이닝)의 합성어

더위 먹어서 식욕이 없어.

<ruby>夏<rt>なつ</rt></ruby>バテで <ruby>食欲<rt>しょくよく</rt></ruby>が ない。

▶ 夏(なつ)バテ 여름을 탐, 더위 먹음

이기적인 사람은
싫어요.

<ruby>自己中<rt>じ こ ちゅう</rt></ruby>な <ruby>人<rt>ひと</rt></ruby>は いやです。

自己中(じこちゅう)だき 自己中心的(じこちゅうしんてき)だ의
줄임말로, '자기중심적이다, 이기적이다'란 뜻이에요.

이미지 변신을 해 봤어요.

イメチェンを して みました。

▶ イメージ(이미지)＋チェンジ(체인지)의 합성어

저렴한데 비싸 보여!

プチプラなのに <ruby>高見<rt>たか み</rt></ruby>え!

プチプラ는 '프치(petit 작은)＋프라이스(price 가격)'의 합성어인
프치프라이스의 줄임말로, 저렴하고 질 좋은 물건을 뜻해요.

유행어 표현②

マヨラー

마요네즈 덕후

주변에 보면 마요네즈나 케첩을 너무 좋아해서 모든 음식에 넣어 먹는 사람들이 있죠? 일본어에는 이런 사람들을 가리키는 말이 따로 있는데, マヨラー(마요네즈 덕후)와 ケチャラー(케첩 덕후)예요. ラー는 영어의 -er에서 온 표현으로, '~하는 사람'이란 뜻입니다. 여러분은 마요네즈파(マヨネーズ派(は))인가요, 케첩파(ケチャップ派(は))인가요?

A ご飯に マヨネーズを？
はん

밥에 마요네즈를?

B 私は マヨラーですから。
わたし

저는 마요네즈 덕후거든요.

🗣️**단어** ご飯(はん) 밥　マヨネーズ 마요네즈　～から ～니까, ～때문에

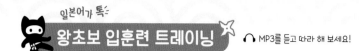

저는 케첩 덕후입니다.

私は ケチャラーです。

▶ ケチャップ(케첩)+ラー(~하는 사람)의 합성어

영상의 손 떨림이 심해.

動画の 手ブレが 激しい。

▶ 手(て)(손)+ふれる(흔들리다)의 합성어

그는 단것을 좋아하는
남자예요.

彼は スイーツ男子です。

▶ スイーツ (과자, 사탕 등) 단것

영화 내용 스포당했어.

映画の内容 ネタバレされた。

▶ ネタ(중요한 재료)+バレる(들통나다)의 합성어

이건 가성비가 좋아!

これは コスパが いい！

コスパ는 コスト パフォーマンス
(cost performance)의 줄임말이에요.